Elogios para *Mantén vivo el amor cuando las memorias se desvanecen*

Mediante experiencias conmovedoras e indelebles, *Mantén vivo el amor cuando las memorias se desvanecen* muestra cómo el amor puede persistir incluso cuando la demencia gradualmente erosiona la memoria y las capacidades físicas. Nos ofrece un testimonio poderoso de la naturaleza duradera e inmenso poder de las relaciones humanas.

PETER V. RABINS, MD, MPH | Coautor de *Cuando el día tiene 36 horas*

Las historias personales y profesionales de Ed tendrán eco en parejas y familias que buscan con ansias que se les recuerde la resistencia transformadora de las relaciones de amor a largo plazo. Necesario desde hace mucho, este libro recuerda a las familias que, aunque no tienen que hacerlo todo, las conexiones significativas pueden influir en la calidad de la vida familiar a pesar del deterioro cognitivo progresivo.

LISA P. GWYTHER, MSW, LCSW | Directora del programa de apoyo familiar (Alzheimer) en la Universidad Duke y coautora de *The Alzheimer's Action Plan*

El amor sigue vivo en tiempos de pérdida, y hay un profundo valor y redención al expresar intencionalmente el amor y el dolor que es parte de la experiencia de la enfermedad de Alzheimer. ¡Sí! Sea franco. Sea amable. El mundo necesita libros más compasivos como este que afirmen el amor.

ALAN D. WOLFELT, PHD | Director del Center for Loss and Life Transition y autor de *Healing Your Grieving Heart When Someone You Care About Has Alzheimer's*

Al ser médico geriatra, estoy muy familiarizado con la enfermedad de Alzheimer y el efecto devastador que puede tener sobre los afligidos y los que cuidan de ellos. La enfermedad de Alzheimer y otras demencias son las complicaciones más aterradoras de envejecer, más temidas que el cáncer, las enfermedades del corazón e incluso que la muerte misma. Así que si solo deseas saber más acerca de estos trastornos cada vez más epidémicos o, en especial, si ya estás lidiando con sus pérdidas y retos en ti mismo o en un ser querido, *Mantén vivo el amor cuando las memorias se desvanecen* debe ser tu lectura obligatoria. Escrito de forma ingeniosa y convincente, este volumen compacto da esperanza, aporta visión y estrategias prácticas bien enfocadas. Porque sin duda alguna el amor es la respuesta, y su llama debe mantenerse encendida en cada fase de esta experiencia hasta su final.

WILLIAM R. HAZZARD, MD | Profesor de Medicina Interna, en la Sección de Gerontología y Geriatría, Facultad de Medicina de Wake Forest, Centro Médico Bautista de Wake Forest

Mentes brillantes se unen en esta guía esencial a través de la experiencia del Alzheimer. Me hubiera gustado tener este libro cuando la mente de mi madre se iba desvaneciendo. Los ejemplos de la vida real te ayudan a aprender cómo mantenerte conectado con el ser querido que estás viendo desaparecer; los ejercicios específicos y tácticas diarias pueden ayudarte a mantener el contacto y el amor. Esta hoja de ruta del cerebro con Alzheimer te permite seguir adelante, adaptando y cambiando su interacción con un cerebro que está cambiando continuamente con cada etapa de esa enfermedad. No puedes arreglar lo que se está rompiendo, pero puedes mantenerte en comunicación mediante amor incondicional.

LANIE POPE | Meteoróloga jefe del canal de noticias WXII, Winston-Salem, Carolina del Norte

Una guía instructiva, muy necesaria e inspiradora, dedicada a la discusión esencial de la relación, la intimidad y las complejidades de la conexión en todas las etapas de la experiencia de la demencia. Muchos libros sabios aconsejan a los cuidadores sobre el aprendizaje del lenguaje de la demencia, pero en *Mantén vivo el amor cuando las memorias se desvanecen*, los autores nos recuerdan nuestra profundamente arraigada humanidad compartida con personas con demencia y que aprender el lenguaje transformador del amor es, de hecho, la forma más profunda, afirmativa y duradera de comunicación.

LISA SNYDER, MSW, LCSW | Universidad de California en San Diego, autora de *Speaking Our Minds: What It's Like to Have Alzheimer's*

MANTÉN VIVO EL AMOR CUANDO LAS MEMORIAS SE DESVANECEN

Los 5 lenguajes del amor y la enfermedad de Alzheimer

Deborah Barr, MA, MCHES, RHEd
Edward G. Shaw, MD, MA
GARY CHAPMAN, PHD

EDITORIAL
PORTAVOZ

La misión de *Editorial Portavoz* consiste en proporcionar productos de calidad —con integridad y excelencia—, desde una perspectiva bíblica y confiable, que animen a las personas a conocer y servir a Jesucristo.

Título del original: *Keeping Love Alive As Memories Fade: The 5 Love Languages® and the Alzheimer's Journey,* © 2016 por Marriage and Family Life Consultants, Inc., Deborah Barr y Edward G. Shaw, y publicado por Northfield Publishing, 820 N. LaSalle Boulevard, Chicago, IL 60610. Traducido con permiso.

Edición en castellano: *Mantén vivo el amor cuando las memorias se desvanecen,* © 2017 por Editorial Portavoz, filial de Kregel, Inc., Grand Rapids, Michigan 49505. Todos los derechos reservados.

Traducción: José Luis Martínez

EDITORIAL PORTAVOZ
2450 Oak Industrial Drive NE
Grand Rapids, Michigan 49505 USA
Visítenos en: www.portavoz.com

ISBN 978-0-8254-5776-0 (rústica)
ISBN 978-0-8254-6676-2 (Kindle)
ISBN 978-0-8254-7490-3 (epub)

1 2 3 4 5 edición / año 26 25 24 23 22 21 20 19 18 17

Impreso en los Estados Unidos de América
Printed in the United States of America

A Rebecca Easterly Shaw,
una amorosa hija, hermana, esposa, madre y amiga.

LIBROS DE GARY CHAPMAN PUBLICADOS POR PORTAVOZ

Biblia devocional: Los lenguajes del amor (editor general)
Casados y felices después de tantos años
El enojo: Cómo manejar una emoción poderosa de una manera saludable
Intentemos de nuevo
Lo que me hubiera gustado saber antes de casarme
Los 5 lenguajes del aprecio en el trabajo
Mantén vivo el amor cuando las memorias se desvanecen
El matrimonio que siempre ha deseado
El reto de criar a tus hijos en un mundo tecnológico

Contenido

Acerca de los autores

El doctor Gary Chapman ha sido pastor y consejero matrimonial por más de 35 años. Es el autor del libro que inspira este texto: *Los 5 lenguajes* del *amor: El secreto del amor que perdura*, que ha vendido hasta ahora más de 10 millones de ejemplares en todo el mundo y ha sido traducido a 50 idiomas. Como escritor prolífico, Gary también ha escrito ediciones para hombres, solteros y padres de *Los 5 lenguajes del amor*, así como numerosos libros sobre el matrimonio, el enojo, el pedir disculpas y otros temas. Habla a miles de parejas por medio de conferencias de fines de semana sobre el matrimonio y dirige dos programas de radio que se escuchan en todo el país. Como el originador de los cinco lenguajes del amor, las ideas de Gary sobre la expresión del amor en las relaciones humanas subyacen en cada capítulo.

Deborah (Debbie) Barr, MA, MCHES, es una especialista certificada en educación de la salud y periodista. Como escritora experimentada sobre el bienestar, Debbie aportó la perspectiva de un educador de la salud a numerosos aspectos del libro, incluso los efectos perjudiciales para la salud del cuidado a largo plazo y la inminente epidemia del Alzheimer. Su familiaridad con los lenguajes del amor es de mucho tiempo, pues ella dio apoyo editorial a Gary cuando escribía el libro original de *Los 5 lenguajes del amor*. Mientras trabajaba como coordinadora clínica para el Programa de Consejería de la Memoria en el Centro Médico Bautista de Wake Forest, se enteró de que el doctor Ed Shaw estaba incorporando los cinco lenguajes del amor en su consejería sobre la demencia, y así surgió la idea de este libro. Como la escritora e investigadora principal del equipo, se puede escuchar su «voz» a lo largo del libro. Al igual que los doctores Chapman y Shaw, ella reside en Winston-Salem, Carolina del Norte. Este es el cuarto libro que publica.

Edward (Ed) G. Shaw, MD, MA, cuenta con la doble capacidad de ser médico y consejero en salud mental. Él es quien cuida principalmente de su esposa Rebecca, quien, a la edad de 53 años, fue diagnosticada con el inicio precoz de la enfermedad de Alzheimer. Durante 23 años fungió como oncólogo practicante de radiación y como experto mundial en tumores cerebrales. En el 2010, inspirado por la experiencia de Rebecca, cambió su interés médico por el del diagnóstico y tratamiento de la demencia y, con su certificación adicional en salud mental y consejería del dolor, fundó el Programa de Consejería de la Memoria que ahora es parte del Centro Médico Bautista de Wake Forest, Winston-Salem, en Carolina del Norte. Como un investigador de muchos años de la función cognitiva, su experiencia en la anatomía del cerebro, función, diagnóstico y tratamiento de la salud mental fueron recursos invaluables para este proyecto. Su conmovedora experiencia personal de cuidar de su esposa, junto con su uso innovador de los cinco lenguajes del amor en la consejería sobre la demencia, inspiró el mensaje central del libro.

Prefacio

ME FALTAN LAS PALABRAS adecuadas para expresar mi más sincero respaldo a este libro, y sé que el lector lo encontrará igualmente conmovedor. Escribir este prefacio me fue difícil porque, como se dice en el capítulo 1, Ed y Rebecca Shaw (Becky, como la conozco) y sus hijas, Erin, Leah y Carrie, fueron una vez mis vecinos de al lado. Nuestras familias crecieron juntas. Mi familia —mi esposa Diane y nuestros hijos, Lindsay y Matt— y yo éramos los mejores amigos de la familia Shaw.

Después que los Shaw se trasladaron a Carolina del Norte, cuando Ed me llamó para decirme su preocupación por la memoria de Rebecca a los 53 años, no podía creerlo. Ed y Rebecca viajaron a Rochester para que yo pudiera evaluar a Rebecca. Lamentablemente, la evaluación confirmó que esta persona relativamente joven, brillante y dedicada, estaba de hecho comenzando su experiencia con la enfermedad de Alzheimer.

Con eso como trasfondo, me gustaría decir que Ed y sus coautores, Deborah (Debbie) Barr y el doctor Gary Chapman, han escrito lo que creo es el libro más emocionalmente cargado y, a la vez, el más perspicaz sobre los retos de relación que las familias deben manejar durante el doloroso curso de la enfermedad de Alzheimer.

Nunca he encontrado un alma gemela y un cuidador más dedicado que Ed, quien dejó una exitosa carrera como oncólogo de radiación para dedicar su vida a cuidar de su Rebecca. A lo largo del camino, él adquirió la formación profesional adicional en salud mental y cuidado de la demencia para ayudar a otros que están transitando el mismo camino. El resultado es este trabajo, que basado en el amor de Ed por Rebecca y en su experiencia de consejería, en el conocimiento y experiencia de Deborah como educadora de salud, y en el marco de los cinco lenguajes del amor de Gary, proporciona consejos prácticos para cónyuges, cuidadores que forman parte de la familia y proveedores de atención de salud involucrados en el cuidado de los que padecen Alzheimer u otras formas de demencia.

Con el amor como su tema principal, *Mantén vivo el amor cuando las memorias se desvanecen: Los 5 lenguajes del amor y la enfermedad de Alzheimer* es un recurso muy valioso para todos los que se dedican a cuidar de otros en todos los escenarios de la vida. Se describen las estrategias para mantener un vínculo emocional con la persona que padece demencia, preservando la dignidad del individuo y el respeto por sí mismo a lo largo de la enfermedad. Este libro también describe bien la naturaleza sacrificial del cuidado, ofrece un marco sencillo para abordar comportamientos desafiantes y proporciona información básica sobre el cerebro y cómo cambia a lo largo de la enfermedad.

Si pudiera leer este libro, Rebecca estaría orgullosa de lo que inspiró. Este excelente trabajo es totalmente coherente con el tipo de persona que ella es.

RONALD C. PETERSEN, MD, PHD
Profesor de Neurología
Profesor investigador de la enfermedad de Alzheimer en la Clínica Mayo
Director del Centro de investigación de la enfermedad de Alzheimer y de estudios de envejecimiento en la Clínica Mayo.
Facultad de Medicina de la Clínica Mayo en Rochester, MN

Una palabra de Gary

CUANDO DEBBIE ME LLAMÓ para hablar sobre trabajar con ella y con el doctor Shaw para escribir este libro, en seguida me interesó. En primer lugar, porque me emocionó saber que el doctor Shaw había estado usando *Los 5 lenguajes del amor* en su consejería con los que padecían de Alzheimer. En segundo lugar, me interesó porque, como consejero pastoral, he aconsejado a muchas familias que están pasando por esa experiencia no deseada. En lo personal, he observado a mi cuñado, un brillante profesor universitario, como entraba en la fase última de la enfermedad de Alzheimer. Tengo profunda empatía por su esposa, que lo mantuvo en casa tanto tiempo como pudo y luego tomó la difícil decisión de llevarlo a un centro de atención a largo plazo. Sus hijos adultos han experimentado el dolor de perder a su padre antes de que en realidad falleciera.

Me sentí muy alentado al sentarme en varios de los grupos de apoyo del doctor Shaw para cuidadores. La mayoría de estos grupos lo componen cónyuges de los pacientes de Alzheimer. Su dedicación a un amor intencional y sacrificial me dejó asombrado. La sonrisa en sus caras cuando reciben una respuesta pequeña y amorosa de sus cónyuges refleja su profunda satisfacción en lo que están haciendo. Entonces, cuando el paciente ya no es capaz de responder, es gratificante ver a sus cónyuges optar por seguir expresando el amor en los cinco lenguajes con la esperanza de que, al menos por un momento, se sentirán amados. Una esposa dijo: «Continúo amando tanto por mí como por mi marido. Cuando llegue el final, quiero mirar atrás y no sentir remordimientos».

Casi todo el mundo está de acuerdo en que la necesidad emocional más profunda que tenemos es la necesidad de amar y ser amado. Cuando alguien se vuelve incapaz de dar amor, creo que todavía es capaz de recibir amor. Lo descubrí por primera vez en el hogar de ancianos donde mi madre vivió el último año de su vida. Cuando caminaba por el pasillo lleno de sillas de ruedas, los que ocupaban esas sillas extendían sus brazos y hacían sonidos ininteligibles. Cuando respondía inclinándome y abrazándolos, «se derretían en mis brazos». Les decía palabras de aliento y sus espíritus se calmaban, y al menos por ese momento, la vida era hermosa. Más tarde, me encontré con un capellán que cantaba a los pacientes que ya no se expresaban verbalmente. Era asombroso ver cómo algunos de ellos comenzaban a mover sus pies al ritmo de la música. No podían hablar, pero la música tocaba algo que hacía responder el cerebro.

Es interesante que muchos de esos cuidadores, que demostraron amor intencional y sacrificial por el miembro de su familia que sufría los resultados de la enfermedad de Alzheimer, tuvieran una fe firme en Dios. Más de uno dijo: «No podría hacerlo sin Dios y mi familia de la iglesia». Estoy convencido de que Dios quiere que todos experimentemos su amor y luego compartamos ese amor con todos aquellos con quienes nos encontremos. Por naturaleza, somos egoístas y amamos a los que nos aman. Cuando recibimos el amor de Dios, somos facultados para amar incluso a los que no nos aman o no pueden amarnos. Este es el amor que he visto demostrado por tantos cuidadores.

Cuando descubrí el concepto de los cinco lenguajes del amor en mi práctica de consejería, nunca soñé que el libro original llegara a vender más de diez millones de ejemplares en inglés y que se traduciría a más de cincuenta idiomas en todo el mundo. La serie de libros que siguieron, *Los 5 lenguajes del amor de los niños* y las versiones para adolescentes, solteros, hombres y parejas militares, han ayudado a millones de personas a expresar amor de manera más eficaz en su matrimonio, como padres y con sus amistades. Nunca pensé en su aplicación a la experiencia del Alzheimer. Sin embargo, estoy emocionado de ver cómo este libro ayudará a los que pasan por esa experiencia no deseada. Si el lector encuentra el libro útil, espero que lo comparta con sus amigos que se encuentran en una situación semejante.

Doctor Gary Chapman
Winston-Salem, Carolina del Norte

1

Ed y Rebecca: Una historia de amor

ERA UNA HERMOSA MAÑANA de agosto de 2013 en Carolina del Norte. Rebecca y yo (Ed) disfrutábamos de nuestro café en el porche trasero, era parte de nuestro ritual de la mañana. Sin previo aviso, el horrible momento que había temido por mucho tiempo finalmente llegó. Rebecca me miró.

—No tengo ni idea de quién eres —dijo ella. Su mirada en blanco me confirmó que realmente lo decía en serio.

—Cariño, yo soy Ed, tu esposo. Tú eres mi esposa. Llevamos casados 33 años.

Esta pista, que fue más como una súplica, no ayudó. El dolor del momento me impulsó a entrar en la casa. Con lágrimas rodando por mis mejillas, me paré frente a nuestro retrato de familia, tomado solo unos meses antes, en el día de Acción de Gracias. Miré los rostros de nuestra hija Erin, su marido Darian, su hijo Paul de dos años, nuestras otras hijas Leah y Carrie, la dulce Rebecca y yo. Me dominó la necesidad de hablar con una de las chicas. Llamé primero a Leah. Cuando ella contestó, no hubo palabras, solo sollozos, profundos sollozos que sacudieron mi cuerpo y cuando alcanzaron mi corazón, hicieron que de mis ojos fluyeran las lágrimas.

«Mamá nos ha olvidado. Hemos desaparecido para ella».

Muchas veces he reflexionado sobre esa terrible mañana, haciéndome la misma pregunta sin respuesta: ¿cómo pudieron 37 años de una relación amorosa y un tercio de un siglo de matrimonio desaparecer de la mente de Rebecca de la noche a la mañana?

Rebecca Lynn Easterly y yo empezamos a salir juntos en el otoño de 1976. Éramos estudiantes en la Universidad de Iowa y ambos estábamos en nuestro segundo año. Ella estudiaba patología de la fonoaudiología, y yo estaba en mis años de premedicina. Le pedí que saliéramos juntos el 30 de octubre, el día que yo cumplía 19 años. Ella se hallaba estudiando y disfrutando de una taza de café. Con su cabello rubio sedoso y suave, sus piernas largas, su blusa azul y pantalones vaqueros, y con una cara que irradiaba amabilidad, me dejó boquiabierto. Nos habíamos visto brevemente el año anterior. Yo esperaba que ella me recordara. Después de armarme de valor y presentarme de nuevo, ella aceptó mi invitación para nuestra primera cita. Una semana después nos fuimos al Brown Bottle, un restaurante famoso de Iowa City. Durante la cena y después, hablamos sin parar. Teníamos mucho en común. Aunque ambos teníamos padres alcohólicos, sentíamos gran amor por la familia, especialmente por los niños, y un aprecio por la naturaleza como un reflejo de la mano del Creador (aunque en ese momento yo era un agnóstico comprometido). La acompañé a casa, nos dimos nuestro primer beso y ambos supimos que estábamos enamorados. Tres semanas después, hablamos de matrimonio y del deseo de tener hijos, tres hijas. Tres años y medio más tarde nos casamos.

¿Cómo pudieron 37 años de una relación amorosa desaparecer de la mente de Rebecca de la noche a la mañana?

Rebecca se graduó con los máximos honores, estando entre el uno por ciento de los estudiantes a la cabeza de su clase. Más tarde, en Iowa, recibió una maestría en patología del habla. Después de terminar mis estudios de premedicina, fui a la escuela de medicina en Rush Medical College en Chicago. En mayo de 1983, nos dirigimos al norte a la Clínica Mayo en Rochester, Minnesota, llevando con nosotros a Erin, con tres semanas de nacida. Allí terminé mi internado y mi residencia en oncología radiológica y permanecí como médico asistente, iniciando una carrera como médico de tumores cerebrales. Nuestra segunda hija, Leah, nació en 1985, y tres años más tarde, Carrie completó el trío de hijas con las que habíamos soñado durante nuestro noviazgo. Pasamos doce años en Rochester, felices y rodeados de familiares y amigos.

En 1995, nos encaminamos al sureste hacia Winston-Salem, en Carolina del Norte, a la Escuela de Medicina de Wake Forest para una oferta demasiado buena para rechazarla: la dirección del departamento de oncología radiológica y la oportunidad de establecer un programa de investigación sobre cómo el cáncer cerebral y su tratamiento afectan la **función cognitiva** del cerebro (las palabras en negritas se definen al final del capítulo). Allí prosperamos como sureños. Erin, Leah y Carrie pasaron a través de la escuela primaria, secundaria y luego la universidad. A lo largo de esos años, Rebecca fue una «súper mamá». Manejando con habilidad su cuaderno de Planificación Diaria, y con su amabilidad y gracia, organizó, alimentó y nutrió a nuestra familia mientras yo andaba ocupado atendiendo pacientes, publicando artículos en revistas, enseñando y obteniendo becas de investigación.

En la primavera de 2005, cuando nuestra familia se preparaba con entusiasmo para la boda de Erin y Darian, Erin notó algo extraño: su «súper mamá» estaba teniendo dificultades para mantenerse al día con los detalles de la planificación de la boda. No obstante, todo se pudo organizar bien y en mayo celebramos el matrimonio de nuestra hija mayor. Un año después, lloramos cuando Leslie, la hermana mayor de Rebecca, murió de cáncer de colon. Esta fue la primera tragedia que nuestra familia había experimentado. Rebecca estaba profundamente entristecida por la muerte de Leslie, ya que ella y Leslie habían sido muy afines. A lo largo del verano, otoño e invierno de 2006 y la primavera de 2007, a Rebecca se la veía triste. Se mostraba distante, un poco desorganizada y olvidadiza. Lo atribuí a la pena y a que el nido se iba gradualmente vaciando, hasta que un sábado por la mañana, mientras nos hallábamos sentados, yo leyendo el periódico y Rebecca el último número de *U.S. News and World Report*, ella dijo: «He leído este artículo tres veces y no puedo recordar nada de lo que dice». A su edad de 53 años, supe que eso no era normal.

Un día de la semana siguiente, tuve que llevar mi auto al taller. Rebecca iba a recogerme en el trabajo a las 5:30 de la tarde y llevarme al concesionario para recoger mi auto. Normalmente era puntual, pero ella no había llegado a tiempo. A las 6:00, la llamé un poco molesto.

—¿Vas a venir a recogerme? —le pregunté. Ella no tenía ni idea de que debía venir a buscarme.

—Está bien, salgo ahora mismo —respondió. Vivimos a solo 10 minutos del centro médico, pero ella no llegó hasta las 6:30.

—¿Por qué tardaste tanto? —le pregunté.

—Oh, tomé un camino diferente para llegar aquí.

Cuando me describió su ruta, me di cuenta de que se había perdido en el camino. Siempre me había maravillado el buen sentido de dirección de Rebecca, e incluso la había apodado «la brújula humana». Ahora yo estaba de verdad preocupado.

La Escuela de Medicina Wake Forest es bien conocida como un centro de investigación y cuidado geriátrico. A mediados de 2007, le hice una cita a Rebecca para que viera al doctor Jeff Williamson, jefe de geriatría y un conocido experto en **demencia**. En su evaluación inicial, el doctor Williamson diagnosticó a Rebecca con depresión y le recetó un antidepresivo.

Me dijo: «Veamos si las cosas mejoran después de unos dos meses con la medicación. La depresión es una causa común de pérdida de memoria». Pero podía decir que él estaba preocupado de que algo más estuviera pasando. Yo también lo estaba.

Ya que sus síntomas no mejoraron, nuestro especialista decidió ordenar algunos análisis de sangre, una resonancia magnética (RM) del cerebro de Rebecca, y evaluar algunas de sus **funciones cognitivas** tales como la atención, la memoria, el lenguaje, multitareas y habilidades espaciales. Los análisis de sangre dieron resultados normales, pero la RM mostró una leve contracción del cerebro de Rebecca, especialmente en las regiones que controlan la memoria y las habilidades espaciales. La evaluación cognitiva confirmó la pérdida de memoria a corto plazo y habilidades espaciales de manera desproporcionada con lo que se esperaría para la edad de Rebecca y nivel de educación.

El doctor Williamson nos dijo: «Mi diagnóstico se conoce como **deterioro cognitivo leve**, una condición que a menudo lleva a la enfermedad de Alzheimer. Creo que deberías buscar una segunda opinión. Rebecca es demasiado joven para tener Alzheimer, sobre todo porque no tiene antecedentes familiares de esa enfermedad».

Nuestro vecino de al lado en Rochester, Minnesota, Ronald Petersen, había sido un neurólogo de la Clínica Mayo. Él y su esposa Diane tenían dos hijos que tenían casi las mismas edades que nuestras niñas. Diane y Rebecca a menudo se turnaron para llevar a los niños a la escuela, ya que nuestros hijos fueron a la misma escuela primaria. Cariñosamente conocido como «RP», el doctor Petersen era un experto nacional e internacionalmente reconocido de la enfermedad de Alzheimer. De hecho, fue su investigación la que llevó al descubrimiento del **deterioro cognitivo leve** como precursor del Alzheimer. Obtener una segunda opinión de él parecía lógico. No solo era «el mejor» médico de demencia en el mundo, había conocido a Rebecca durante 20 años.

A principios del verano de 2008, pasamos una semana en la Clínica Mayo donde a Rebecca le hicieron una evaluación exhaustiva para encontrar la causa de su pérdida de memoria. Además de las pruebas de sangre, una punción lumbar y más pruebas neuropsicológicas profundas, el doctor Peterson ordenó una resonancia magnética especial y dos tomografías de emisión de positrones: una de ellas para revelar el metabolismo cerebral de Rebecca; la otra, un nuevo tipo de escanograma, se hizo para revelar la amiloide, una proteína que se acumula anormalmente en el cerebro, causando inflamación, deterioro y contracción. La amiloide y otra proteína, tau, forman las **«placas y ovillos»** que se cree que causan el daño cerebral de la enfermedad de Alzheimer.

A pesar de nuestras esperanzas y fervientes oraciones porque no fuera cierto, el diagnóstico fue definitivo: **inicio precoz de la enfermedad de Alzheimer**. El pronóstico: entre 8 y 10 años de esperanza de vida, disminución progresiva de todas las funciones cerebrales, necesidad de cuidado profesional y, posiblemente, vivir en una residencia especializada.

Después de recibir la noticia, Rebecca y yo nos encaminamos en silencio al aeropuerto para tomar nuestro vuelo de regreso a casa. Lloramos mientras conducíamos, intercambiando miradas llenas de tristeza, temor e incertidumbre. En Pine Island, una pequeña ciudad al norte de Rochester, donde Rebecca había enseñado como maestra de escuela primaria, me detuve. Teníamos que hablar. Rebecca me preguntó: «¿Qué significa esto para nosotros? ¿Para las hijas?». Ella ya había olvidado lo que el doctor Petersen había dicho, así que se lo repetí. Entonces nos abrazamos mientras llorábamos, expresando en silencio nuestro amor el uno por el otro, reafirmando los votos matrimoniales que nos habíamos hecho 28 años antes.

Nos abrazamos mientras llorábamos, expresando en silencio nuestro amor el uno por el otro.

Con su voz llena de tristeza, Rebecca dijo: «No quiero ser una carga. Quiero que nuestras hijas vivan sus vidas, prosigan con sus sueños y no dejen que esto se interponga en el camino. Estaré bien. Sé que Dios me ama y me cuidará. La eternidad en el cielo es tan real para mí como la vida en esta tierra». Esta fue la única vez que hablamos directamente sobre su enfermedad de Alzheimer.

En los años que siguieron, la demencia de Rebecca progresó sin parar a través de las etapas de la enfermedad de Alzheimer. En la primavera de 2010, su habilidad para conducir el auto se había deteriorado hasta el punto de que ya no estaba a salvo en la carretera en su automóvil rojo brillante. Manejar desde casa, incluso a los lugares cercanos, se había convertido en algo demasiado difícil. En una ocasión, un giro equivocado en un cruce la llevó varias ciudades al sur de Winston-Salem, a unos 40 kilómetros de casa. Aparecieron misteriosamente algunos rasguños en un lado del auto. Manejaba muy despacio, deteniéndose en medio de la carretera cuando no estaba segura de adónde ir. Finalmente, hubo necesidad de quitarle las llaves.

«No entiendo por qué no puedo conducir», protestó ella. «Nunca me han puesto una multa ni he tenido un accidente. Es injusto». Como tantos que tienen demencia, ella no tenía una idea clara de cómo la enfermedad estaba privándola lentamente de sus capacidades, llevándola hacia la incapacidad.

Poco después de que Rebecca tuviera que entregar las llaves del auto, hicimos juntos un viaje en automóvil a las montañas de Pocono. Paramos en la fábrica Crayola, lo que trajo recuerdos agradables de Rebecca y nuestras hijas coloreando alrededor de la mesa de la cocina cuando eran más jóvenes. Lo que esperábamos sería una divertida aventura se volvió amarga cuando Rebecca dejó su bolso bajo un asiento mientras miramos una demostración sobre cómo se hacen los lápices de colores. Por desgracia, no nos dimos cuenta de que no teníamos el bolso hasta después que la fábrica de Crayola había cerrado. Pasamos la noche cerca y volvimos a la mañana siguiente, pero el bolso no apareció por ninguna parte. Acudimos a la comisaría de policía para informar de la pérdida del bolso y nos fuimos. Este incidente molestó mucho a Rebecca.

«Detesto mi cerebro», dijo con ojos llorosos, mientras nos alejábamos.

Más tarde ese verano, mientras Rebecca se encaminaba al supermercado, se perdió. Cuando estaba a punto de entrar en una de las calles más concurridas de la ciudad, Elizabeth, una amiga de la familia, pasaba por allí en auto y vio a Rebecca mirando las señales de la calle. Era obvio que Rebecca estaba tratando de averiguar dónde estaba. Elizabeth se detuvo, bajó la ventanilla

—¿Adónde vas?

—Al supermercado —contestó Rebecca.

—Súbete, yo te llevó —dijo Elizabeth, dándose cuenta de que Rebecca iba caminando en dirección contraria al supermercado.

Hasta hoy, nuestra familia piensa que Elizabeth fue un ángel de la guarda, y nos preguntamos qué habría sucedido si ella no hubiera estado en ese lugar en ese momento.

Poco después del incidente del supermercado, contratamos a la primera cuidadora pagada de Rebecca. Érica, una auxiliar de enfermería certificada, pasaba los días de la semana acompañando a Rebecca en su experiencia con el Alzheimer. En cuatro años más, Rebecca requeriría ese cuidado las 24 horas del día. Este equipo —conocido cariñosamente como el «Equipo A» (porque sus nombres, Letisa, Fátima, Tasha y Florina terminan en «a», como Rebecca) — sigue con nosotros, cuidando de ella día y noche.

Mirando en retrospectiva, tendría que decir que los días más difíciles y retadores de la experiencia de Alzheimer de Rebecca fueron los cuatro meses que siguieron al horrible día de 2013, cuando ella nos «perdió» a las chicas y a mí. Ella se ponía muy agitada, especialmente al final de la tarde, cuando empezaba a oscurecer (conocido como **«síndrome vespertino o agitación vesperal»**).

—Quiero irme a casa —decía, caminando por la casa de puerta en puerta, intentando escapar.

—Cariño, estás en tu casa —le decía—. Este es tu hogar.

No había forma de consolarla. Rebecca anhelaba su casa de la infancia, un pequeño bungaló en su ciudad natal de Cedar Rapids, Iowa, donde había vivido hasta mediados de la década de los sesenta. Yo tenía que bloquear físicamente sus intentos de salir mientras ella me daba puñetazos y patadas, un comportamiento atípico en la dulce y amable Rebecca. El doctor Williamson le recetó un medicamento que redujo algo la agresividad de Rebecca, pero la llevó a sentirse retraída y deprimida. Durante ese tiempo, ella se acostaba en su cama o en el sofá y sollozaba de forma inconsolable. Nuestro médico entonces probó un medicamento diferente que, con el tiempo, redujo su agitación y volvió a un estado de ánimo más normal y la ayudaba a dormir.

Después de que Rebecca ya no me reconociera como su marido, continuamos durmiendo en la misma cama, pero ella se volvía de espaldas y se quedaba en el mismo borde de la cama, tan lejos de mí como podía estar sin caerse. Una noche, ella se puso muy agitada y me dijo que no quería que yo durmiera en la misma cama que ella, así que instalé una cama gemela en la esquina de nuestra habitación. Las primeras noches estuve sin dormir, afligido. Solo estábamos separados por unos pocos metros, pero parecía como si ella estuviera a un millón de kilómetros de distancia.

Solo estábamos separados por unos pocos metros, pero parecía como si ella estuviera a un millón de kilómetros de distancia.

Al principio de nuestro matrimonio, Rebecca y yo descubrimos que ambos nos dormíamos con más facilidad si nos tocábamos el uno al otro, estando viéndonos de frente con mi brazo a su alrededor, o ella volviéndose y yo abrazándola por detrás. A veces no nos dormíamos inmediatamente. Más bien, hacíamos el amor y luego pasábamos un tiempo abrazados, hablando de lo bendecidos que éramos de tenernos el uno al otro y de tener a nuestras tres hijas. Durante los primeros dos meses de estar solo por la noche en la cama gemela, me quedaba despierto, literalmente dolido por el deseo de tocar a Rebecca, acostarme en la cama con ella, abrazarla. Durante esos meses tuve varias conversaciones largas con Dios, dándole las gracias por habernos unido a Rebecca y a mí como esposos, por bendecirnos con hijas asombrosas, pero al mismo tiempo preguntándome cómo podía amar a esta mujer sin poder tocarla. Con esa pérdida comencé mi propia peregrinación de soledad y celibato.

A principios de 2014, me trasladé a mi propia habitación dado que Rebecca se levantaba varias veces durante la noche y me resultaba imposible dormir lo suficiente para funcionar en el trabajo. Ella no tenía ni idea de qué día, fecha, mes, estación o año era. No podía leer o escribir, incluso firmar su propio nombre o sumar dos más dos. Otro reto fue la orientación espacial. Había perdido la capacidad de centrar su trasero sobre una silla o un sillón y necesitaba ayuda para sentarse, incluso sentarse en el inodoro. Con estos nuevos pasos en su decadencia, hubo que agregar otros cuidadores al «equipo A» para la tarde y la noche. Esto significó que Rebecca y yo nunca más estaríamos una noche solos en casa. No parecía haber ninguna parte de nuestras vidas que la enfermedad de Alzheimer no nos hubiera quitado o cambiado.

En los dos años transcurridos desde entonces, Rebecca ha pasado a la fase última de la enfermedad de Alzheimer. Ella vive solo en el momento sin recuerdo del pasado y sin pensar en el futuro. Pasa sus días coloreando en la mesa de la cocina, armando rompecabezas sencillos y rompiendo ramitas en trozos pequeños. Ella no inicia ninguna conversación, habla de manera ininteligible, y a menudo necesita escuchar algo repetido varias veces antes de que pueda entender lo que se le ha dicho. Camina de manera lenta e inestable, siempre en riesgo de una caída. Debido a que es tan inestable y tiene dificultades para procesar la información visual, alguien debe acompañarla y custodiarla en todo momento. A causa de la incontinencia urinaria impredecible, lleva pañales para adultos. Necesita ayuda para ir al baño, ducharse y vestirse. Sus medicinas deben ser trituradas y mezcladas con comida, ya que no puede tragar pastillas por más tiempo. A pesar de todo, ella es feliz la mayor parte del tiempo.

Aunque ya no me reconoce como su marido, en algún nivel soy familiar para ella. Por lo menos, soy ese buen hombre que vive en la misma casa que ella. Mi amor por ella permanece inalterable. Cuando vuelvo a casa del trabajo, mi tiempo es el tiempo de Rebecca. Es importante para mí hacerle la cena y ayudarla a comer. La sonrisa en su cara cuando se le da su postre —siempre helado en un cono o plato— me da tanta alegría como a ella. Después, nos sentamos en el sofá y miramos musicales viejos en un reproductor de DVD. Su favorito es *The Sound of Music* (*Sonrisas y lágrimas* en España y *La novicia rebelde* en Hispanoamérica), que hemos visto juntos cientos de veces. Para Rebecca, la familiaridad de cada canción es reconfortante. Para mí, es un momento en el que estamos físicamente cerca, tal vez tomados de la mano, estando presentes el uno para el otro. La hora de acostarse es también un momento especial. Después de que sus cuidadores la preparan para dormir y la han metido en la cama, paso cinco o diez minutos diciendo buenas noches, nuestra única vez a solas cada día. Ella me deja besarla en la mejilla o en la frente. Yo le digo: «Te amo. Te quiero más que a nadie en el mundo. Eres la mejor compañera que un hombre podría tener. Y estamos casados. Hemos estado casados por 35 años. Tenemos tres hijas, Erin, Leah y Carrie. Ellas te aman y saben que tienen la mejor mamá del mundo. Te veré en la mañana. Duerme bien y no dejes que los chinches te muerdan» (algo que siempre decíamos a las chicas). A veces, Rebecca me da las gracias. De vez en cuando, ella dice algo que suena como

«Yo también te amo». A menudo, sus ojos están cerrados y ella se está quedando dormida.

La Navidad de 2015 fue un tiempo que todos en nuestra familia lo pasamos juntos. Nos relacionamos con Rebecca, amándola de tantas maneras como pudimos, y nos encantó. Erin compartió un abrazo de buenos días y se sentó con Rebecca a tomar su café de la mañana, tal como lo había hecho desde la secundaria. Leah tocó canciones familiares con su guitarra mientras ella y Rebecca «cantaban» juntas. Carrie se acurrucó junto a Rebecca en el sofá, con la cabeza sobre su hombro. Mi manera favorita de agregar a la diversión fue darle algunos besos en la mejilla y el cuello a Rebecca, lo que a menudo la hacía reír como una colegiala y decir «puf» mientras se limpiaba el lado de su cara. La madre de Rebecca nos visitó con galletas recién horneadas, sus amigas trajeron flores, y su hermana y su cuñada vinieron solo para pasar tiempo con Rebecca. Las mujeres que cuidaban a Rebecca tuvieron sus maneras propias de mostrar amor: peinaron su pelo, pintaron sus uñas y le regalaron una blusa nueva y preciosa. Incluso nuestro nieto Paul se sintió atraído por su abuela, y la ayudó a armar un rompecabezas sencillo o compartir un marcador y colorear en la misma página con ella. Elegimos de manera intencional experimentar la alegría de la presencia de Rebecca, en vez de pensar en la posibilidad de que esta podría ser muy bien la última Navidad que pasaríamos juntos como una familia completa.

Rebecca se encuentra ahora en su noveno año de experiencia con el Alzheimer, y no sé cuánto tiempo más durará esta situación. Emocional, física y espiritualmente ha sido un camino largo y duro, un camino que desearía que no estuviéramos transitando. Sin embargo, debido a esta experiencia hay muchas cosas que he aprendido de Rebecca, de mí y de nosotros. Sé que si la situación fuera al revés, yo con demencia y Rebecca como la que cuida de mí, ella me habría cuidado con el mismo nivel de compromiso que yo he tenido en cuidar de ella. También sé que, si yo pudiera de alguna manera llevar esta carga por ella, cambiar su cerebro enfermo por el mío normal, lo haría sin dudarlo, solo por saber que ella podría llegar a vivir hasta una edad avanzada reconociendo a los que ama. Si hubiera sabido antes de casarnos que ella iba a padecer de un inicio temprano de Alzheimer, todavía me habría casado con ella sin pensarlo dos veces. La vida que hemos tenido —ahora 40 años juntos, 36 de ellos casados, tres hijas, un yerno y dos nietos— ha sido más de lo que podríamos haber soñado. Y he aprendido, por la gracia de Dios, a encontrar una fuente inagotable de amor por Rebecca y mantener la intimidad emocional con ella. Sé que, en algún nivel, a su manera, ella también me ama. Y aunque el pensamiento de perderla es insoportable para todos los que la aman, nos sentimos confortados por el conocimiento de su profunda fe personal y la forma en que ha vivido su vida a causa de ella.

Edward (Ed) G. Shaw
Winston-Salem, Carolina del Norte

Términos a conocer

Las palabras y expresiones en negrita que aparecen en la historia de Ed son definidas y explicadas a continuación, junto con otros términos y hechos sobre la enfermedad de Alzheimer (EA). La comprensión de estos términos y hechos clave te ayudarán a sacar el máximo provecho de los capítulos restantes de este libro.

Cuidador. Persona que proporciona atención directa a la persona con demencia. En la mayoría de los casos es un cónyuge o un hijo adulto. En los Estados Unidos, Canadá y China, la mayoría de los recursos relacionados con la demencia y la literatura se refieren a esta persona como el *compañero cuidador*. En otros países, prefieren usar otros términos. A lo largo de este libro hemos utilizado la expresión *cuidador*. Se usa con un sentido no jerárquico, permitiendo que la persona con la enfermedad se sienta emocionalmente igual a aquella que la atiende. Nuestra observación es que los cuidadores de atención familiar tienden a proporcionar atención con un sentido de lealtad que se asemeja a «un jugador del mismo equipo». Al mismo tiempo, reconocemos que alrededor del punto medio de la enfermedad, la atención que se le da al paciente pasa a ser más una función de *cuidadores* profesionales.

Demencia. La demencia no es una enfermedad específica, sino más bien un término genérico para una amplia gama de síntomas relacionados con la pérdida de memoria, disminución de la función cognitiva o cambios en la personalidad. Hay muchos tipos de demencia. La enfermedad de Alzheimer es el más común, representando entre el 60 y el 80 por ciento de todos los casos de demencia. Debido a que la mayoría de casos se debe a la EA, recibe la mayor atención de los medios de comunicación y de la profesión médica. Gracias al libro *Still Alice,* el éxito de ventas de Lisa Genova, y a la galardonada película del mismo nombre, una gran cantidad de anuncios farmacéuticos para la televisión y pacientes famosos, como el presidente Ronald Reagan y el cantante Glen Campbell, casi todo el mundo ha oído hablar de la enfermedad de Alzheimer. Por esta razón, hemos elegido centrarnos principalmente en la EA en este libro. En los capítulos que siguen, los términos *enfermedad de Alzheimer, EA* y *demencia* se utilizan indistintamente.

Deterioro cognitivo leve (DCL). Este es el «área gris» entre la pérdida de memoria normal relacionada con la edad y la pérdida de memoria de la enfermedad leve de Alzheimer. Una persona con DCL tiene más problemas de memoria que otros de su misma edad y nivel educativo. Puede tener dificultades para recordar nombres, y puede olvidarse de citas o eventos sociales. Puede tener dificultades para seguir el hilo de una conversación, libro o película. La toma de decisiones o las tareas que requieren planificación pueden ser abrumadoras. También pueden darse cambios sutiles en su personalidad. No obstante, estos problemas no son, por lo general, lo bastante graves como para interferir con la vida cotidiana. Aunque alrededor del setenta por ciento de las veces el DCL lleva a la EA o a otro tipo de demencia, algunas personas nunca empeoran, y algunas incluso llegan a mejorar.

Funciones cognitivas. El cerebro tiene cinco funciones cognitivas:

- Atención
- Memoria y aprendizaje
- Lenguaje
- Ejecutiva (la capacidad de planificar, resolver problemas, tomar decisiones y realizar tareas múltiples)
- Visual-espacial (El aspecto visual nos permite reconocer caras; el aspecto e*spacial* es nuestro navegador interno, que es la capacidad de percibir relaciones entre objetos en nuestro campo visual).

La enfermedad de Alzheimer (EA) se caracteriza por dificultades progresivas en la memoria y el aprendizaje, la función ejecutiva y la función visual-espacial. Sin embargo, en la etapa última de la EA, todas las funciones cognitivas quedan afectadas.

Inicio precoz de la enfermedad de Alzheimer. La mayoría de las personas diagnosticadas con la EA tiene 65 años de edad o más (EA tardía). El inicio precoz de la enfermedad de Alzheimer, también conocido como inicio más temprano de la enfermedad de Alzheimer, comienza antes de los 65 años, a menudo afectando a los individuos de entre 40 y 50 años de edad. La EA de inicio precoz no es frecuente, afectando solo al cinco por ciento de las personas con la EA (alrededor de 200.000 personas en los Estados Unidos).[1]

PCD. Acrónimo para «Persona con demencia». (Verás esta abreviatura a lo largo de este libro).

Placas y ovillos. En 1906, el doctor Alois Alzheimer descubrió dos estructuras anormales en el cerebro de personas que habían muerto de lo que ahora conocemos como enfermedad de Alzheimer. Hoy, estas estructuras anormales se conocen como «placas y ovillos». Las placas son depósitos de proteína beta-amiloide (o «amiloide»). Los ovillos neurofibrilares son fibras retorcidas de otra proteína, tau. Las placas amiloides se acumulan en los *espacios* entre las células nerviosas del cerebro (neuronas); los ovillos tau se acumulan *dentro* de las propias neuronas. La mayoría de nosotros desarrollamos algunas placas y ovillos a medida que envejecemos; esto es normal. Las personas con la EA, sin embargo, desarrollan cantidades excesivas de estas proteínas, que dificultan la comunicación de célula a célula y causan inflamación cerebral. Finalmente, la presencia tóxica de placas y ovillos causa

1. Alzheimer's Association, «Younger/Early Onset Alzheimer's», http://www.alz.org.

tanto daño que las células nerviosas mueren. A medida que las placas y los ovillos se propagan por todo el cerebro, sucede una muerte celular generalizada. A medida que las neuronas mueren, el cerebro se encoge, resultando en pérdida de memoria y función cognitiva, cambios de personalidad y la incapacidad progresiva para llevar a cabo las funciones diarias normales. El papel exacto de las placas y los ovillos no se entiende claramente, pero los científicos ahora saben que el amiloide puede comenzar a acumularse en el cerebro entre 10 a 20 años antes de que aparezca el primer síntoma de olvido.

Síndrome vespertino o «agitación vesperal». Es un estado de confusión que normalmente comienza al anochecer y se extiende hasta las horas de la noche. Los comportamientos pueden incluir agitación, agresión, ansiedad, miedo, estimulación y vagar. Algunas personas expresan un anhelo de «ir a casa» a un tiempo y lugar en el pasado, tal vez de la infancia. No se conoce todavía la causa del síndrome vespertino. Alrededor del 18 por ciento de los que padecen la EA experimentan el síndrome vespertino.[2]

HECHOS SOBRE LA ENFERMEDAD DE ALZHEIMER

- En 2016, 5.4 millones de estadounidenses padecen la EA.
- Uno de cada nueve estadounidenses de 65 años o más tiene la EA. Un tercio de los mayores de 85 años padecen esta enfermedad.
- Los afroamericanos mayores son dos veces más propensos a contraer la EA que los blancos mayores.
- Los hispanos mayores son una vez y media más propensos a contraer la EA que los blancos mayores.

2. George Kraus, *Helping the Alzheimer's Patient: Plain Talk and Practical Tools* (DVD), presentado por PESI, copyright 2011, MEDS PDN, Eau Claire, WI.

- Casi dos tercios de los que padecen la EA son mujeres.
- La edad es el mayor factor de riesgo para tener la EA.
- Dos tercios de todos los que cuidan de personas con la EA son mujeres. Más de la mitad son hijos adultos que cuidan de sus padres.
- Alrededor de 250.000 hijos entre las edades de 8 y 18 años ayudan en el cuidado de una persona con la EA u otra demencia.
- En la actualidad, no hay forma de prevenir, curar o retardar la progresión de la enfermedad de Alzheimer.

Fuente: Alzheimer's Association, *2016 Alzheimer's Disease Facts and Figures*.[3]

3. Alzheimer's Association, «2016 Alzheimer's Disease Facts and Figures», http://www.alz.org/documents_custom/2016-facts-and-figures.pdf, pp. 10, 17, 18, 19, 30, 32.

2

Amor: Todo está en tu cabeza

«No hay sustituto para el amor del que
cuida de un enfermo de Alzheimer».
—Bob DeMarco

LA ENFERMEDAD DE ALZHEIMER no solo afecta a la persona diagnosticada, sino a toda la familia; es una enfermedad familiar. Mientras que Ed y sus hijas conocen esto de primera mano, nosotros (Gary y Debbie) también reconocemos compasivamente la separación relacional y el trauma creado por esta enfermedad. La EA es un reto serio para las relaciones, y conlleva la carga potencial de descarrilarlas por completo. De hecho, no todas las amistades o lazos familiares duran hasta el final de la experiencia con la enfermedad de Alzheimer.

Ed a veces describe el daño relacional de la EA como un tapiz que se desteje. El bello diseño de un matrimonio, una familia o una amistad, tan amorosamente tejido a lo largo de los años, se distorsiona lentamente a medida que la enfermedad tira sin descanso de las fibras que una vez se entrelazaron para crearla. Nada puede detener el proceso de destejido; la enfermedad es incurable. Sin embargo, la misión de nuestro libro es afirmar que la aplicación del *amor intencional* es poderosa y hermosa, vale la pena incluso a un tapiz que inevitablemente se va destejiendo por completo.

¿Qué significa amar verdaderamente a alguien? ¿Y si, como sucede con la EA, la persona que amas al final se vuelve incapaz de expresarte amor a ti? Exploraremos estas preguntas a lo largo del libro. Sin embargo, nuestra perspectiva fundamental está bien recogida en un extracto de *Los 5 lenguajes del amor*. En el tercer capítulo, Gary escribió:

> Nuestra necesidad emocional más básica no es enamorarnos, sino ser genuinamente amado por otro, conocer un amor que surge de la razón y la elección, no del instinto. Necesito ser amado por alguien que elige amarme, que ve en mí algo que vale la pena amar. Ese tipo de amor requiere esfuerzo y disciplina. Es la decisión de dedicar energía en un esfuerzo por beneficiar a la otra persona, sabiendo que si su vida se enriquece con tu esfuerzo, tú también encontrarás una sensación de satisfacción, la satisfacción de haber amado genuinamente a otro...[Cuando] el amor es la actitud que dice: «...decido cuidar de tus intereses»... el que decide amar así encontrará maneras apropiadas de expresar esa decisión.

¿Y si la persona que amas, al final, se vuelve incapaz de expresarte amor a ti?

El amor que no está impulsado por el enamoramiento o la obsesión, sino por la elección, dice Gary, es «el amor verdadero».[1]

Nuestra palabra «amor» no describe adecuadamente la profundidad y la belleza de la clase de amor impulsado por la decisión de la que Gary está hablando. El idioma hebreo,

1. Gary Chapman, *The 5 Love Languages®: The Secret to Love that Lasts* (Chicago: Northfield Publishing, 2015), pp. 31-32. Publicado en español por Editorial Unilit con el título *Los 5 lenguajes del amor: El secreto del amor que perdura.*

sin embargo, tiene una palabra que capta el significado completo de esta forma más verdadera de amor. La palabra es *hesed*. Su significado es una mezcla de amor y lealtad. Debido a que no tiene equivalente en español, se ha traducido de varias maneras, incluyendo bondad, amor firme, lealtad y fidelidad.[2] La autora Lois Tverberg mostró las riquezas de esta palabra cuando escribió que «*hesed* actúa por lealtad inquebrantable… *hesed* es el amor con el que se puede contar… No se trata de la emoción del romance, sino de la seguridad de la fidelidad… Como otras palabras hebreas, *hesed* no es solo un sentimiento, sino una acción. Interviene a favor de los seres amados y acude a rescatarlos».[3]

Nuestro deseo sincero es alentar a los lectores a elegir y cultivar el amor intencional descrito por *hesed*. Es ese compromiso de amar por elección que nos da el poder, como escribió Gary, para «encontrar maneras apropiadas de expresar esa decisión» en el contexto relacional retador de la EA.

LOS CINCO LENGUAJES DEL AMOR

El concepto del amor intencional está funcionando para muchas personas, ya que han adquirido una comprensión de los cinco lenguajes del amor. Si has leído uno de los libros de *Los 5 lenguajes del amor*, quizá ya has utilizado su mensaje sencillo pero profundo para transformar una relación propia. Si es así, tal vez estás ahora intrigado por la idea de que los lenguajes del amor pueden ser usados en el contexto de la enfermedad de Alzheimer para mantener vivo el amor, incluso cuando los recuerdos de una persona se van desvaneciendo. Si aún no estás familiarizado con los cinco lenguajes del amor, te

2. *Strong's Exhaustive Concordance of the Bible*, «Hesed», número Strong 2617.

3. Lois Tverberg, «Hesed: Enduring, Eternal, Undeserved Love», Our Rabbi Jesus (blog), 2 mayo 2012, http://ourrabbijesus.com/hesed-enduring-eternal-undeserved-love/.

recomendamos que leas o escuches uno de los libros (busca en el Apéndice C la lista de estos títulos).

Ya sea que estés familiarizado con los lenguajes del amor o no, antes de aplicarlos en el contexto de la enfermedad de Alzheimer, aquí tienes un breve resumen para darnos un marco común:

Imagínate lo difícil que sería comunicarse con alguien de China si tú no sabes una palabra en chino y él no sabe nada en español. Podrías hacer dibujos, señalar las palabras en un diccionario o hacer gestos para representar físicamente tu mensaje, pero para comunicarte de verdad con eficacia, por lo menos uno de ustedes tendría que aprender a hablar el idioma del otro. En *Los 5 lenguajes del amor*, Gary utilizó la metáfora de los lenguajes literales para ayudar a los lectores a comprender que las formas en que los individuos perciben el amor emocional son tan distintas unas de otras que esencialmente comprenden cinco diferentes «lenguas» o canales de comunicación.[4] Cada uno de nosotros tiene al menos un lenguaje que nos comunica el amor emocional más que los demás.

Gary define los cinco lenguajes del amor como:

> ***Palabras de afirmación*:** elogios no solicitados, ya sean verbales o escritos, o palabras de aprecio. Ejemplos: «Te quiero». «¡Has hecho muy buen trabajo!». «Se te ve preciosa con ese vestido». «Aprecio mucho tu atención a los detalles». «Dialectos» incluyen palabras de aliento, palabras humildes y palabras de bondad. Decirle a otros cosas buenas acerca de una persona también cuenta porque el mensaje a menudo regresa de nuevo a él o ella, cuando otros repiten el elogio. Una «*persona de palabras de afirmación*» puede quedar emocionalmente aplastada por insultos y palabras duras.

---

4. Chapman, *The 5 Love Languages*®, pp. 35-115.

***Tiempo de calidad*:** darle a alguien tu plena atención. Los dialectos son una conversación de calidad (comunicar pensamientos, sentimientos, deseos y experiencias, con énfasis en escuchar de verdad a la otra persona) y actividades de calidad (compartir experiencias memorables). Una «*persona de tiempo de calidad*» puede resultar herida por un oyente que escucha a medias o distraído, o aplazando de forma repetida el tiempo prometido.

Regalos (o «Recibir regalos»): cualquier regalo tangible: comprado, hecho a mano o buscado, para que alguien sepa que tú te preocupas. Un regalo es un símbolo visible de amor. El precio es irrelevante: los regalos significativos pueden variar en su valor monetario o no tener ningún valor monetario. Es la intención y el esfuerzo detrás de un regalo lo que envía el mensaje de «Te quiero». Estar físicamente presente, el regalo de tu tiempo, es un regalo intangible que es muy valioso para algunas personas, en especial durante tiempos de crisis, enfermedad o celebración. Una «*persona de regalos*» puede sentirse herida por un aniversario o cumpleaños olvidado, o con una sensación de vacío en una relación carente de símbolos tangibles de amor.

***Actos de servicio*:** hacer cosas útiles para otra persona, como poner la mesa, sacar a caminar el perro, lavar los platos, pasar la aspiradora o hacer compras en el supermercado. El propósito de los *Actos de servicio* es aligerar la carga de la otra persona. Los actos de servicio requieren pensamiento, planificación, tiempo y esfuerzo. La idea no es simplemente estar ocupado, o hacer las tareas que *tú* más disfrutas, sino hacer las cosas que son más significativas y útiles para *la otra persona*. La «*persona de actos de servicio*» puede sentirse lastimada por la pereza de alguien que deja algo hecho un desastre para que ella lo limpie u olvida las promesas de ayudar.

***Contacto físico*:** toque deliberado que requiere toda tu atención para hacerlo, como un masaje en la espalda, en los pies, un abrazo o un beso; toque incidental que requiere poca o ninguna inversión adicional de tiempo, como sentarse cerca de una persona en el sofá o tocarle su hombro cuando pasa por su lado caminando. Para una «*persona de contacto físico*», el toque envía el mensaje más claro de «Te quiero». Para estas personas, una bofetada o cualquier tipo de abuso o negligencia pueden causar gran dolor emocional.

Estos «lenguajes» parecen modos maravillosos de decir: «Te quiero». ¿No es cierto? Pero hay un problema. Esposos y esposas, padres e hijos, e incluso dos buenos amigos, rara vez hablan el mismo lenguaje de amor. Todos, naturalmente, nos acercamos a otras personas usando nuestro propio lenguaje, el que nos hace sentirnos amados en vez de hablar el lenguaje de la otra persona, el que los *hace a ellos* sentirse amados. Por tanto, incluso cuando ambas personas se esfuerzan en gran manera por expresarse amor el uno al otro, si cada una de ellas habla su propio lenguaje y no el de la otra persona, ninguna de ellas se sentirá amada.

Afortunadamente, hay una solución, que es el mensaje esencial de los libros de lenguajes del amor. Una vez que las personas conocen y entienden los cinco lenguajes del amor, y descubren cuál es el que más significativo para las personas importantes en sus vidas, deben hacer un esfuerzo para hablar con cada una de ellas en el lenguaje del amor *propio de cada persona*. Cuando dos personas aceptan mutuamente esta idea y se comunican el amor entre sí de la manera que es más significativa para la otra persona, ambas se sienten emocionalmente amadas. El amor intencional, hablado de manera consecuente, fluida y en el lenguaje correcto, profundiza una relación y la capacita para sobrellevar las tormentas de la vida que vendrán de forma inevitable.

LOS LENGUAJES DEL AMOR Y LA ENFERMEDAD DE ALZHEIMER

Dondequiera que los cinco lenguajes del amor han sido puestos en práctica, en los Estados Unidos y alrededor del mundo, han revitalizado las relaciones y han sacado a los matrimonios del borde del divorcio. ¿Pueden estos lenguajes también ayudar a individuos, parejas y familias a hacer frente al diagnóstico devastador de la enfermedad de Alzheimer? Nuestra respuesta es un rotundo *sí* y esta es, en realidad, la premisa de nuestro libro. Creemos que los lenguajes del amor son herramientas para levantar suavemente una esquina de la cortina oscura de la demencia, haciendo posible mantener la conexión emocional con una persona con deterioro de la memoria. Esta es una idea novedosa porque los lenguajes del amor han sido utilizados con éxito casi exclusivamente en las relaciones con personas que están en pie de igualdad en términos de su capacidad de dar y recibir amor. En las relaciones que involucran la EA, a medida que la enfermedad les priva lentamente de la cognición, el pie de igualdad se deteriora primero y finalmente se pierde. Gran parte del trauma relacional que ocurre con la EA sucede porque la persona con la enfermedad pierde la capacidad de manejar su lado de la relación, llevando la conexión emocional a aguas agitadas y desconocidas. No obstante, aunque la enfermedad de Alzheimer borra los recuerdos al borrar literalmente las células cerebrales, ni siquiera la EA puede eliminar la existencia de lo que Gary llama el «depósito de amor», metafóricamente un recipiente emocional que espera ser llenado de amor. En verdad, la profunda necesidad humana de amor no desaparece con un diagnóstico de demencia. Permanece arraigado en nosotros mientras vivamos.

> La profunda necesidad humana de amor no desaparece con un diagnóstico de demencia.

El impacto de los lenguajes del amor se debe, en parte, a la amígdala, una estructura cerebral no afectada inmediatamente por la enfermedad. La amígdala es el centro emocional del cerebro y desempeña un papel clave en la memoria emocional. Prioriza nuestras experiencias más emotivas, asignándolas a la memoria a largo plazo donde son retenidas. También nos ayuda a discernir si consideramos algo «bueno» o «malo». Según la Sociedad de Alzheimer, la amígdala permite a una persona con Alzheimer «recordar aspectos emocionales de algo incluso si no recuerda el contenido real». En otras palabras, el sentimiento de ser amado puede persistir incluso después de que las acciones o palabras que entregaron el mensaje de amor son olvidadas.[5]

5. «Dementia and the Brain», Alzheimer's Society, Factsheet 456LP, consultado en septiembre 2014, https://www.alzheimers.org.uk/site/scripts/documents_info.php?documentID=114.

Incluso en la etapa avanzada de la EA, cuando la amígdala puede verse afectada por la enfermedad, creemos que los lenguajes del amor todavía «pasan». El que una persona ya no pueda hablar ni tomar iniciativas no significa que ya no percibe amor o saber cuándo está siendo tratada con amabilidad. A pesar de su dificultad en conectar pensamientos, las personas con demencia son todavía capaces de sentir profundamente. Juan, que cuida de su esposa Daniela, ahora en la etapa avanzada de la EA, es muy consciente de esto. Nos dijo: «Ella no puede hacer nada. Ya no habla mucho. Ella necesita ayuda para comer y bañarse, y es incontinente; es decir, presenta todos los síntomas si miras la gráfica de síntomas». Sin embargo, Juan aprovecha todas las oportunidades para expresar su amor por Daniela, usando los cinco lenguajes del amor. Lo hace, no solo porque realmente la quiere, sino también porque está convencido de que «no importa lo que suceda en el cerebro humano, hay un núcleo —algo— que les permite sentir amor. Está ahí en su ser. Lo sienten; simplemente no saben cómo decirlo».

Aunque Daniela rara vez habla, a veces responde en maneras muy pequeñas. Afirmó Juan: «Dulces momentos son cuando ella todavía puede reconocerme y mostrarme con esa sonrisa y esa pequeña risa que ella intenta hacer ahora. Hace unos días estábamos en la cama viendo la televisión y todo estaba tranquilo. De repente, ella se volvió y me besó en la cabeza, y yo dije: "¡Ay, cariño, gracias!". Y cuando la miré, tenía lágrimas en sus ojos».

Pequeñas respuestas como esta son evidencias valiosas para Juan de que Daniela realmente siente sus expresiones intencionales de amor.

Nuestras interacciones con los cuidadores y con personas con la EA nos han convencido de igual manera que la capacidad de recibir amor emocional dura mucho más tiempo que la capacidad de expresarlo. Probablemente, para la mayoría, hasta el final de su experiencia con el Alzheimer. Esto hace posible mantener una conexión emocional incluso con alguien en las últimas etapas de la EA. Nos apresuramos a añadir, sin embargo, que este tipo de conexión emocional es diferente a cualquier otro que vincula a las personas en las relaciones amorosas. Ocurre en el paradigma relacional de base desigual descrito arriba. Como tal, la profundidad y amplitud de la conexión está casi enteramente en manos del que cuida.

> La capacidad de recibir amor emocional dura mucho más tiempo que la capacidad de expresarlo.

Al escribir estas palabras, como Daniela, Rebecca Shaw se acerca al final de su experiencia con la enfermedad de Alzheimer. A pesar de esto, como Juan, Ed dijo: «Rebecca y yo hemos sido capaces de mantener la intimidad emocional».

Él explicó: «Aunque hay fuerzas que están destejiendo el tapiz, tú no tienes que perder a esa persona. Puedes mantener una relación realmente significativa con tu esposa o esposo, mamá o papá, pero va a ser *diferente.* Vas a encontrar el significado en maneras *diferentes*».

Él hace hincapié en que mantener este tipo de intimidad relacional «es tanto intencional como sacrificial». Es decir, no sucederá automáticamente; requiere que el cuidador tome de forma repetida decisiones de «amor por elección» que exceden lo que se requiere en relaciones no afectadas por la EA.

ESTIGMA Y DESCONEXIÓN

Todavía hoy, en pleno siglo XXI, existe un estigma social generalizado asociado con las enfermedades que afectan a la mente. Muchos reaccionan con temor a las enfermedades mentales como el trastorno bipolar o la esquizofrenia, distanciándose de la persona afectada.

Aunque ahora hay códigos de diagnóstico para la enfermedad de Alzheimer y otros tipos de demencia (códigos de «trastorno neurocognitivo»), en nuestro juicio la demencia difiere de las enfermedades mentales como la depresión o la ansiedad, que pueden ser tratadas y a menudo curadas eficazmente con medicación o consejería. Por el contrario, la EA es una enfermedad para la cual, lamentablemente, no hay cura en la actualidad. Sin embargo, debido a que la EA suele «parecer» una enfermedad mental, algunas culturas étnicas tradicionales creen que es un castigo por el pecado o una vergüenza social que trae gran deshonra a la familia.

En su trabajo anterior como oncólogo de radiación tratando pacientes con cáncer de cerebro, Ed observó que los niños pequeños de todas las culturas generalmente tienden a sentir temor y se distancian de un padre o abuelo que tiene cáncer. Parece que creen que si tocan a mamá, a papá o a sus abuelos, «se les pasará» su cáncer. De manera similar, pero a nivel emocional, a menudo cuando a uno de los cónyuges le diagnostican que tiene la EA, el otro cónyuge, ya sea deliberada o de manera inconsciente, empieza a alejarse emocionalmente de su pareja que «no está bien». El cónyuge no afectado puede necesitar un tiempo y espacio emocional para «procesar en su mente» las palabras «Alzheimer» y «demencia» y lo que significa ese diagnóstico atroz. A veces ya están penando por las pérdidas que anticipan y temen. También pueden estar reaccionando fuertemente al estigma que ellos asocian de forma personal con la demencia. A todo esto se añade la influencia estigmatizadora del *envejecimiento* en nuestra cultura, obsesionada con la juventud y la práctica de marginar a las personas mayores.

Por alguna o todas estas razones u otras, la mayoría de los cónyuges no afectados se siente cada vez más incómoda en interactuar con su pareja recién diagnosticada. Además, hay un factor de confusión muy significativo: la persona con demencia (PCD) ya puede haber estado alejándose de su cónyuge antes del diagnóstico, pero por razones completamente diferentes.

A medida que la enfermedad comienza a afectar los lóbulos frontales del cerebro, que gobiernan la personalidad, la emoción y la interacción social, las personas con demencia gradualmente se vuelven apáticas, pierden la iniciativa, la motivación y el deseo de conectarse emocionalmente con los demás. Esta apatía es de naturaleza global y no solo dirigida hacia su pareja matrimonial. Su apatía es una consecuencia de la enfermedad, no una indicación de falta de amor por su cónyuge. Por tanto, a medida que el cónyuge sano se está desconectando emocionalmente para hacer frente a la situación y pena, el cónyuge afectado se está desconectando debido a la enfermedad en sí. Por tanto, la conexión emocional se va desatando gradualmente por ambos extremos de la relación. El resultado neto con el tiempo es la distancia relacional.

Aquí es donde Miguel y Alicia se vieron a sí mismos. El diagnóstico de Alicia, recuerda Ed, «los separó como dos imanes de la misma polaridad». Estaban emocionalmente desconectados, no comunicándose y no habían tenido intimidad marital entre ellos por años. Para Miguel y Alicia, la falta de conexión emocional entre ellos se había vuelto sumamente dolorosa. Fue este dolor emocional el que al final los llevó a buscar consejo. Para usar la metáfora que utilizamos al principio del capítulo, el tapiz del matrimonio de Miguel y Alicia había empezado a destejerse seriamente.

El alejamiento emocional que esta pareja estaba experimentando, dijo Ed, «es el problema más común que he encontrado con las parejas que lidian con la enfermedad de Alzheimer». De hecho, dijo, en realidad es *típico*: «El ciento por ciento de las parejas que he asesorado en la demencia se han visto emocionalmente desconectados uno del otro en algún nivel». Lo que es más, los efectos de desconexión de la demencia no se limitan a los cónyuges. Los hijos adultos, los miembros de la familia en general y los amigos también suelen alejarse del individuo con demencia, así como de su cónyuge o cuidador.

«A menudo», afirma Ed, «escucharás: "Supe quiénes eran de verdad mis amigos cuando recibí este diagnóstico". Eso es válido para cualquier trastorno de salud mental. Algunos amigos realmente te apoyan, gente que no esperabas viene, y luego tienes otros que creías que eran tus amigos más íntimos que se desvanecen como la puesta de sol. Muchas veces, lo que hace que una persona se aleje de la amistad es algo que los consejeros llaman *transferencia*. A pesar de que la enfermedad la está teniendo otra persona, ellos piensan: "¿Qué pasaría si esto me sucediera a mí?". El dolor de ese pensamiento los empuja lejos de la persona con la enfermedad. Los adultos mayores se muestran especialmente temerosos de la EA. Un estudio del año 2015,[6] publicado en el *Journal of Alzheimer's Disease and Other Dementias,* encontró que "el temor a la EA entre las personas de edad es mayor que el miedo al cáncer"».

> «El ciento por ciento de las parejas que he asesorado en la demencia se han visto emocionalmente desconectados uno del otro en algún nivel».
> —Ed Shaw

Ed destaca: «Cuando a uno de los padres le diagnostican que tiene la EA, si los hijos adultos solo entran a Google para investigar los "factores de riesgo de la enfermedad de Alzheimer" y siguen al enlace a factores de riesgo en la página web de la Asociación de Alzheimer, allí se lee: "Los que tienen uno de los padres, hermano, hermana o hijos con Alzheimer es más probable que desarrollen la enfermedad". Ellos pueden sentir pánico ante las palabras "más probable" y no lean más.

6. S. J. Cutler, «Worries about getting Alzheimer's: who's concerned?», *Am J Alzheimers Dis Other Demen* 30, no. 6, 2015, pp. 591-8. doi: 10.1177/1533317514568889. Epub 4 febrero 2015.

De modo que una de las cosas que complica la relación padre-hijo es que los hijos estén preocupados de que ellos también la padezcan. Ellos se preguntan: "¿Estaré yo así en 30 años?". Esto tiene el efecto natural de alejarlos de ese padre porque cuanto menos tiempo estén presentes con el padre, menos pensarán en ello. Cuanto más ocupados están con la vida, menos tienen que enfrentar la posibilidad de que puedan tener la EA. A veces es intencional, pero otras veces ciertamente no lo es. Si ellos se sienten tan incómodos con la idea de la demencia en sí mismos o en sus propios padres que ni siquiera saben qué decir, se alejarán. Así que, puedes ver que si el *Tiempo de calidad* era realmente importante para la madre o el padre que tenía la enfermedad, el alejamiento de un hijo resultará muy doloroso para ellos».

Katrina, cuyo padre tiene la EA, no se ha alejado de sus padres, pero admite que se preocupa por la posibilidad de padecer ella la EA. Dijo: «No quiero ser esa clase de carga para mi esposo, ni para mis hijos. Veo cuán difícil es emocional, física y financieramente tener a alguien en esa condición, y los recuerdos que pierdes. No tienes ningún control sobre ello. Aborrezco tan solo pensar en eso. Así que, sí, me molesta. No puedo hacer nada al respecto, pero todavía vive en mis pensamientos».

Nuestra amiga y colega, la doctora Julie Williams, geriatra con considerable experiencia en el cuidado de la demencia, observa a menudo la distancia emocional entre los pacientes con la EA y sus cónyuges. Ella ha notado que el diagnóstico de la EA o de otra demencia inyecta «miedo, dolor, incomodidad y espacio (espacio emocional)» en las relaciones. «A veces es casi frío y rígido», dijo. «El paciente está allí sentado, estoico y emocionalmente aislado, y —esto es interesante— puede haber una silla vacía entre el paciente y el cónyuge. No hay mucho contacto visual o comunicación que tenga lugar verbal o no verbalmente entre ellos. No veo a muchos tomados de la mano o mirándose el uno al otro para darse apoyo.

Parece como que el diagnóstico de la enfermedad de Alzheimer está siendo llevado muy en privado».

La doctora Williams ha observado que a medida que la enfermedad avanza, a veces el cónyuge sano deja de acompañar a su esposo o esposa a las citas «porque, mentalmente, se han desvinculado de la relación. Todavía viven juntos en el hogar, pero ahora pueden dormir en habitaciones separadas y tener actividades separadas. Ahora puede ser un hijo adulto el que interviene entre sus padres, generalmente una hija que hace todo lo posible para lograr que todo esté bien. La mayoría de las veces, estamos recibiendo al paciente con el hijo que lo cuida». Los hijos adultos a menudo informan que sus padres no estaban bien conectados emocionalmente antes de que la enfermedad ocurriera, afirma la doctora Williams, y la enfermedad fue «la gota que colmó el vaso».

Debido a que es tan común que la EA desconecte emocionalmente a los miembros de la familia, las pocas relaciones fuertes y amorosas que ha visto se destacan para la doctora Williams. Ella describe a dos parejas que vivieron la experiencia del Alzheimer y que la impresionaron mucho.

Juanita y Ricardo: «Siempre estaré contigo»

Juanita y Ricardo nunca esperaban tener que lidiar con la demencia en la mediana edad. Con poco más de 50 años, Juanita depende completamente de Ricardo. Tiene dificultad para comunicarse y necesita la ayuda de él con cosas como bañarse, vestirse, comer y usar el baño. ¿La actitud de Ricardo? La doctora Williams afirma: «A pesar de que tiene el corazón roto, es el *admirador* más cariñoso y devoto de ella. Se refiere a menudo a su esposa como "mi Juanita". Le dice cosas a ella como: "Cariño, vamos a superar juntos esta situación. Llevamos 25 años de casados y vamos a seguir casados hasta el final. Todo irá bien". La forma en que ella responde es sencillamente admirable. Ella lo mira con ojos de admiración. Sonriente. No dice mucho porque está perdiendo sus habilidades verbales, pero asiente moviendo su cabeza, por lo general mostrando su acuerdo con algo positivo que él ha dicho».

Cuando concluía una visita reciente y la pareja se disponía a marcharse, Ricardo le dijo a la doctora Williams: «Voy a tener un paseo de tres horas con mi novia a mi lado mientras volvemos a casa». Esa expresión de amor, dice la doctora, «fue hermosa y rara».

Pedro y Raquel: «Solo edificándolo»

«Esta mujer es fabulosa», afirma la doctora Williams.

Raquel, la esposa, le dijo: «Pedro y yo nos amamos mucho y siempre supimos que entrábamos al matrimonio para toda la vida. Hemos sido golpeados con esta terrible enfermedad y estoy tratando de entenderlo. Siempre lo amaré y siempre cuidaré de él».

La doctora explica: «Cuando los ves juntos, todavía los ves como marido y mujer. Ella no se pone en el papel de cuidadora, y creo que lo hace como una forma de preservar la dignidad e identidad de Pedro. Puedes ver que ella lo hace intencionalmente. Él es su esposo. Es el padre de sus hijos. Ella le tiene en cuenta en la toma de decisiones. A pesar de que su etapa de la enfermedad afecta ya sus capacidades, ella le permite participar en el proceso. En público, lo trata como un igual».

Y hay más. «Ella pone a Pedro en situaciones donde él es valorado. Sacar a caminar el perro, por ejemplo. Ella dirá: "Gracias por sacar al perro. No creo que él se vaya a dar un paseo con nadie más que contigo. ¡Ella lo está edificando! Hace de verdad un buen trabajo. Podía decir que lo estaba haciendo por él. Esto es un acto de bondad».

La doctora Williams cuenta una conversación que tuvo con la pareja: ella le preguntó a Pedro si había tenido oportunidad de salir a cortar el césped ese verano. Pedro respondió: «Sí, sí».

Raquel acotó: «Cariño, dile lo que hiciste. Tú saliste y lo cortaste cada semana, conseguiste limpiar todo el patio y ha quedado muy bien arreglado. Doctora, debería ver lo bonito que hizo su trabajo. Y ni siquiera tengo que pedírselo la mayor parte del tiempo. ¡Tú sales y deseas conseguir que arranque la máquina de cortar el césped! A veces estás tan emocionado que incluso quieres que arranque aún sin tener gasolina, pero bueno, uno de nosotros se las arregla para ponerle gasolina a la cortadora del césped».

La doctora Williams se apresura a añadir que Pedro no es capaz de cortar correctamente el césped. Corta a través del patio en patrones erráticos y tiende a ir en círculos alrededor de los árboles, a veces hasta que la cortadora se queda sin gasolina. Sin embargo, señala, los comentarios de Raquel son siempre «afirmativos, nunca críticos». Y «ella suele hablar *con él*, lo que me encanta. No se pone a hablar en tercera persona».

¿Cómo le responde Pedro a Raquel?

«Él sonríe», dice la doctora Williams. «Es un poco tímido. No habla mucho, y eso es por su enfermedad. Él solo mira la cara de Raquel. Se puede decir que está concentrado en lo que ella dice».

¿Por qué, cuando la mayoría de las parejas se desconectan por la demencia, Juanita y Ricardo, y Raquel y Pedro, siguen estando tan emocionalmente bien conectados? Las descripciones contrastantes de los pacientes de la doctora Williams proporcionan las pistas. En la típica pareja desconectada, la persona con demencia aparece «emocionalmente aislada y muy estoica» con poco contacto visual, pocos toques físicos y poca comunicación verbal o no verbal. Compare esto con su descripción de Juanita (ojos que admiran… sonriendo) y la descripción de Pedro (sonrisas… pendiente del rostro de su esposa).

¿En qué consiste la diferencia?

En opinión de la doctora Williams y la nuestra también, la diferencia radica en la actitud del cuidador, la persona principal a la que el paciente está respondiendo. El acercamiento amoroso de Ricardo a Juanita, y el de Raquel a Pedro, los afirma, preserva su dignidad y mantiene a la pareja emocionalmente conectada entre ellos. El acercamiento distante de «tú-eres-una-carga» tiene el efecto opuesto en el paciente y en la relación.

EL AMOR PUEDE CAMBIAR EL FUTURO

Cuando la enfermedad de Alzheimer ha metido una cuña emocional entre los miembros de la familia o amigos, la buena noticia es que es posible para cualquiera de ellos restablecer o mejorar la conexión emocional con la persona que tiene la EA. Juan, el marido amoroso que cuida de su esposa Daniela, mencionado anteriormente, es prueba viviente de esto.

Años antes de que a Daniela la diagnosticaran con la EA, su personalidad empezó a cambiar. Era una mujer de buen carácter, pero se volvió cada vez más argumentativa, reclusa y paranoica, conductas que exasperaron y alienaron a Juan. Finalmente, él se marchó de la casa. Más tarde, cuando el diagnóstico de la EA explicó la dificultad entre ellos, Juan regresó con Daniela. Su decisión de regresar, junto con la opción de comenzar a amarla muy intencionalmente, cambió el rumbo y el tono de su relación. Hoy Juan dice: «Me encanta la conexión emocional y el contacto que Daniela y yo tenemos. Disfruto de esos momentos en los que puedo amarla. Voy a amarla mientras la tenga».

AMOR: ES BUENO PARA TI

El tipo de relación positiva y cariñosa que Juan, Ricardo y Raquel han creado con sus cónyuges beneficia tanto al cuidador como a la persona con la EA. La conexión relacional y la creación de felicidad para otra persona reducen literalmente el estrés, la inflamación del cerebro y la inflamación del cuerpo para *ambas* personas. En ausencia de una conexión positiva, la enfermedad puede progresar más rápidamente y la gente no vive tanto tiempo.

En un artículo informativo sobre una investigación publicada en la revista de la *Sociedad Neuropsicológica Internacional*, Maia Szalavitz, reportera de la revista *Time*, escribió:[7]

«Estudios previos han encontrado que el aislamiento social severo es al menos tan letal como el fumar —duplicando el riesgo de muerte temprana— y que aquellos con más y mejores relaciones de calidad tienen un menor riesgo de una serie de enfermedades incluso enfermedades cardíacas y accidentes cerebrovasculares. De hecho, tener amistades fuertes o conexiones familiares reduce el riesgo de muerte temprana más que hacer ejercicio o evitar la obesidad, y como un extra para la mayoría de nosotros, es más divertido y requiere menos fuerza de voluntad. ¿Por qué la interacción con amigos y familiares es tan curativa? Nuestra respuesta al estrés está íntimamente ligada a nuestras conexiones sociales. Por eso es que tomar la mano de mamá, incluso cuando se es adulto, puede bajar la presión arterial para la mayoría de la gente, y también los bebés criados con un mínimo contacto humano tienen mucho más riesgo de muerte infantil que aquellos con familias amorosas. La falta de contacto social es estresante para todos los animales sociales, y el alto estrés crónico aumenta el riesgo de enfermedad cardiovascular, algunos cánceres, obesidad, todas las enfermedades mentales y adicciones».

Su artículo se centró en un estudio investigativo que siguió por 12 años a 1.138 personas sin signos iniciales de demencia. El estudio encontró que «los ancianos que son más sociables tenían una reducción del 70 por ciento en la tasa de deterioro cognitivo, en comparación con sus compañeros menos sociales».

Otras investigaciones han puesto de relieve la relación entre el

7. Maia Szalavitz, «Friends With Benefits: Being Highly Social Cuts Dementia Risk by 70%», *Time*, 2 mayo 2011, http://healthland.time.com/2011/05/02/friends-with-benefits-being-highly-social-cuts-dementia-risk-by-70/.

estado cognitivo, la calidad de vida y la relación emocional de uno con los demás. Dos ejemplos:

En su informe en la Conferencia Internacional de la Asociación de Alzheimer del 2015, la doctora Nancy J. Donovan dijo que el Estudio de Salud y Jubilación de los Estados Unidos «encontró que las personas solitarias declinan cognitivamente a un ritmo más rápido que las que cuentan con redes y conexiones sociales más satisfactorias». Durante el período de seguimiento de 12 años del estudio, los individuos más solitarios experimentaron un declive cognitivo de alrededor de un 20 por ciento más rápido que los participantes que no informaron de soledad.[8]

Un estudio de 2014 concluyó que «sentirse solo más bien que estar solo está asociado con un mayor riesgo de demencia clínica más tarde en la vida y puede considerarse un factor de riesgo importante...».[9]

Desde una perspectiva estrictamente neurocientífica, la importancia de la intimidad relacional entre los pacientes con demencia y los que cuidan de ellos puede reducirse a cuatro sustancias químicas naturales «de felicidad» que el cerebro produce en respuesta a la conexión social.[10] La endorfina se libera cuando nos reímos. Los niveles de serotonina aumentan cuando una persona se siente valiosa o importante, por lo que no sorprende que una de las características de la depresión sea la ausencia de serotonina. La oxitocina se produce cuando somos abrazados y cuando recibimos regalos (dos

8. Honor Whiteman, «Alzheimer's Association International Conference 2015: the highlights», *Medical News Today*, 23 julio 2015, http://www.medicalnewstoday.com/articles/297228.php.

9. Tjalling Jan Holwerda et al., «Feelings of loneliness, but not social isolation, predict dementia onset: results from the Amsterdam Study of the Elderly (AMSTEL)», *J Neurol Neurosurg Psychiatry* 85, no. 2, 2014, pp. 135-42.

10. Thai Nguyen, «Hacking Into Your Happy Chemicals: Dopamine, Serotonin, Endorphins and Oxytocin», *Huffington Post*, http://www.huffingtonpost.com/thai-nguyen/hacking-into-your-happy-c_b_6007660.html/, actualizado 20 diciembre 2014.

de los lenguajes del amor —*Contacto físico y Regalos*— que deben tenerse en cuenta). La dopamina recompensa y refuerza todos estos comportamientos placenteros, alentándonos a repetirlos.

AMAR POR ELECCIÓN

En su práctica de consejería con familias que pasan por la experiencia de la demencia, Ed ha encontrado que los cinco lenguajes del amor son herramientas eficaces para reavivar la intimidad emocional en relaciones que están destejiéndose. Él a menudo ayuda a los miembros de la familia distanciados a superar la brecha dándoles tareas prácticas que involucren los lenguajes del amor. Cuando un cónyuge está hambriento de contacto, por ejemplo, el primer paso hacia la reconexión puede ser una tarea tan simple como «ver una película juntos y tomarse de las manos».

Puede que tú te preguntes, cuando la demencia ya ha cortado los lazos emocionales, ¿no es hipócrita comenzar a expresar amor a una persona para quien uno siente poco o ningún amor? Cuando una mujer le hizo a Gary esa misma pregunta, su respuesta, que se encuentra en el capítulo «Ama lo que no merece amor» en *Los 5 lenguajes del amor*, fue:

«Tal vez sería útil para nosotros distinguir entre el amor como un sentimiento y el amor como una acción. Si dices tener sentimientos que no tienes, eso es hipócrita y esa comunicación falsa no es la manera de edificar relaciones íntimas. Pero si expresas un acto de amor que está destinado para el beneficio o placer de la otra persona, es sencillamente una decisión. Tú no estás diciendo que la acción surge de una conexión emocional profunda. Estás simplemente decidiendo hacer algo para su beneficio».[11] Eso es *hesed*, la expresión de amor sacrificial, impulsado por tu decisión.

---

11. Chapman, *The 5 Love Languages*®, p. 156.

No importa dónde están tú y tu familia en cuanto a la experiencia con el Alzheimer, y no importa cuán destejido pueda estar tu tapiz de relaciones, te animamos a aprender más acerca de los cinco lenguajes de amor. Los lenguajes del amor son herramientas sencillas que pueden usarse para facilitar la conexión emocional en las relaciones complicadas por la demencia. La Sociedad Americana de Geriatría, la Sociedad Americana de Psiquiatría y la Asociación Americana de Psiquiatría Geriátrica recomiendan intervenciones no farmacológicas como tratamientos de primera línea para los síntomas conductuales y psiquiátricos de la demencia.[12,13] (Los tratamientos no farmacológicos son los que no implican medicamentos). También vemos los cinco lenguajes del amor como simples intervenciones no farmacológicas que pueden ser utilizadas por cualquiera que cuida de una persona con demencia. Estas «herramientas de amor» pueden ayudar a calmar necesidades emocionales no expresadas e insatisfechas que quizá sean instigadoras de problemas conductuales en pacientes con demencia.

Te beneficiarás mucho más de los siguientes capítulos si conoces tu propio lenguaje de amor primario y el probable lenguaje de amor primario de la persona a quien proporcionas cuidado. En las páginas finales de este capítulo encontrarás unas pruebas de evaluación para determinarlos. Te sugerimos que tomes estas pruebas antes de pasar al siguiente capítulo. Ten en cuenta las instrucciones especiales de la última página para determinar el lenguaje del amor de una persona que está en la fase media o avanzada de la EA.

---

12. James Beauregard, «Dementia: Behavioral Health Assessments and Interventions for Practitioners», Cross Country Education Seminar, 9 octubre 2015. Greensboro, NC: Workbook, p. 94.

13. Gary W. Small et al., «Diagnosis and treatment of Alzheimer disease and related disorders: consensus statement of the American Association for Geriatric Psychiatry, the Alzheimer's Association, and the American Geriatrics Society», *JAMA* 278, no. 16, 1997, pp. 4-6.

¿CUÁL ES TU LENGUAJE DEL AMOR?

Pruebas de diagnóstico para los que cuidan personas con deterioro cognitivo leve (DCL) y enfermedad de Alzheimer en etapa inicial a media.

Los que cuidan

Si eres es un cuidador, puedes descubrir tu lenguaje de amor primario completando uno de las pruebas en esta sección. Te ofrecemos dos versiones: una para casados y otra para solteros. Estas son las mismas pruebas que aparecen en los libros *Los 5 lenguajes del amor* y en inglés en la Internet: *5lovelanguages.com/profile.*

Si estás casado con una persona que se encuentra en la etapa inicial de la enfermedad de Alzheimer, la versión «parejas» de la prueba es la apropiada para ti. Si estás casado con una persona en la etapa media o avanzada de la EA, es posible que prefieras tomar la versión de «solteros» de la prueba. Ofrecemos esa opción porque en la EA avanzada, las personas casadas a menudo se sienten cada vez más «solteras» a medida que su cónyuge se vuelve cada vez menos capaz de iniciar y responder a los gestos de amor. Si eres el hijo adulto de un padre con la EA, toma la versión de parejas o solteros según corresponda.

Los que tienen un deterioro cognitivo leve, por lo general pueden evaluarse a sí mismos completando la versión del perfil que corresponde a su estado civil.

Etapa inicial y media de la enfermedad de Alzheimer

Las personas en la etapa inicial y media de la EA pueden tener dificultades para completar la prueba por sí mismas. Los cuidadores pueden administrar la versión apropiada de la prueba como una entrevista individual. Lee las preguntas en voz alta, dialoguen sobre las opciones de respuesta y luego registra las respuestas de la persona.

Etapas media y avanzada de la enfermedad de Alzheimer

Ver página 66.

PERFIL PERSONAL DE LOS LENGUAJES DEL AMOR

PARA PAREJAS

A continuación verás 30 declaraciones emparejadas. Por favor rodea con un círculo la letra junto a la declaración que mejor define lo que es más significativo para ti en tu relación. Ambas declaraciones pueden parecerte (o no) que encajan en tu situación, pero por favor elije la declaración que capta la esencia de lo que es más significativo para ti la mayoría de las veces. Dedica de 10 a 15 minutos para completar el perfil. Tómalo cuando estés relajado, y trata de no correr a través del mismo. Si prefieres utilizar la versión interactiva gratuita en inglés de este perfil en la Internet, entra a 5lovelanguages.com.

Es más significativo para mí cuando...

1	recibo una amorosa nota, texto o correo electrónico de mi ser querido.	A
	mi pareja y yo nos abrazamos.	E
2	puedo pasar tiempo a solas con mi pareja; nosotros dos solos.	B
	mi pareja hace algo práctico para ayudarme.	D
3	mi pareja me da un pequeño regalo como una muestra de nuestro mutuo amor.	C
	consigo pasar tiempo libre sin interrupciones con mi pareja.	B
4	mi pareja inesperadamente hace algo para mí como llenar el tanque de mi auto con gasolina o lavar la ropa.	D
	mi pareja y yo nos tocamos.	E
5	mi pareja me rodea con sus brazos cuando estamos en público.	E
	mi pareja me sorprende con un regalo.	C
6	estoy al lado de mi pareja, incluso si no estamos en realidad haciendo nada.	B
	me tomo de la mano con mi pareja.	E

7	mi pareja me da un regalo.	C
	escucho a mi pareja decirme «te amo».	A
8	me siento cerca de mi pareja.	E
	soy felicitado por mi pareja sin razón aparente.	A
9	tengo la oportunidad de simplemente «pasar el rato» con mi pareja.	B
	inesperadamente recibo un pequeño regalo de mi pareja.	C
10	escucho a mi pareja decirme: «estoy orgulloso de ti».	A
	mi pareja me ayuda con una tarea.	D
11	tengo que hacer cosas con mi pareja.	B
	escucho palabras de apoyo de parte de mi pareja.	A
12	mi pareja hace cosas por mí en vez de hablar de hacer cosas buenas.	D
	me siento conectado con mi pareja por medio de un abrazo.	E
13	oigo elogios de parte de mi pareja.	A
	mi pareja me da algo que demuestra que estaba realmente pensando en mí.	C
14	puedo estar con mi pareja.	B
	me frota la espalda o recibo un masaje de mi pareja.	E
15	mi pareja reacciona positivamente a algo que he logrado.	A
	mi pareja hace algo por mí que yo sé que no le gusta mucho.	D
16	mi pareja y yo nos besamos con frecuencia.	E
	noto que mi pareja muestra interés en las cosas que a mí me importan.	B
17	mi pareja trabaja conmigo en proyectos especiales que tengo que completar.	D
	mi pareja me da un regalo emocionante.	C

18	mi pareja me felicita por mi apariencia.	A
	mi pareja dedica tiempo a escucharme y a entender de verdad mis sentimientos.	B
19	mi pareja y yo nos tocamos de forma no sexual en público.	E
	mi pareja se ofrece a hacer encargos para mí.	D
20	mi pareja hace un poco más que su parte normal en las responsabilidades que compartimos relacionadas con la casa, el trabajo, etc.	D
	recibo un regalo que sé que mi pareja lo pensó para elegirlo.	C
21	mi pareja no revisa su teléfono mientras estamos hablando.	B
	mi pareja hace algo fuera de su rutina para aliviar la presión sobre mí.	D
22	aguardo la llegada de un día festivo debido al regalo que espero recibir.	C
	escucho «eres muy importante para mí» de parte de mi pareja.	A
23	mi pareja me trae un pequeño regalo después que ha estado viajando sin mí.	C
	mi pareja se encarga de algo que soy responsable de hacer, pero me siento demasiado estresado para hacerlo en el momento.	D
24	mi pareja no me interrumpe mientras estoy hablando.	B
	dar regalos es una parte importante de nuestra relación.	C
25	mi pareja me ayuda cuando sabe que ya estoy cansado.	D
	tengo que ir a alguna parte mientras paso tiempo con mi pareja.	B
26	mi pareja y yo tenemos intimidad física.	E
	mi pareja me da un pequeño regalo que compró durante el transcurso de un día normal.	C
27	mi pareja me dice algo que me alienta.	A
	puedo pasar tiempo en una actividad o distracción con mi pareja.	B

28	mi pareja me da una sorpresa con una pequeña muestra de su aprecio.	C
	mi pareja y yo nos tocamos mucho durante el curso normal del día.	E
29	mi pareja me ayuda, en especial si sé que ya están ocupados.	D
	oigo a mi pareja decirme específicamente: «eres importante para mí».	A
30	mi pareja y yo nos abrazamos después de haber estado separados por un tiempo.	E
	escucho a mi pareja decir cuánto significo para él.	A

Ahora vuelve y cuenta las veces que marcaste cada letra individual con un círculo. Escribe a continuación ese número en el espacio en blanco apropiado.

RESULTADOS

A: ______ PALABRAS DE AFIRMACIÓN

B: ______ TIEMPO DE CALIDAD

C: ______ REGALOS

D: ______ ACTOS DE SERVICIO

E: ______ CONTACTO FÍSICO

¿Cuál lenguaje del amor recibió la puntuación más alta? Ese es tu lenguaje del amor primario. Si los totales de puntos para dos lenguajes de amor son iguales, tú eres «bilingüe» y tienes dos lenguajes de amor primarios. Y si tienes un lenguaje de amor secundario, o uno que está cerca en la puntuación de tu lenguaje primario del amor, esto significa que ambas expresiones del amor son importantes para ti. La puntuación más alta posible para un solo lenguaje del amor es 12.

PERFIL PERSONAL DE LOS LENGUAJES DEL AMOR

PARA SOLTEROS

A continuación verás 30 declaraciones emparejadas. Por favor rodea con un círculo la letra junto a la declaración que mejor define lo que es más significativo para ti en tu relación. Ambas declaraciones pueden parecerte (o no) que encajan en tu situación, pero por favor elije la declaración que capta la esencia de lo que es más significativo para ti la mayoría de las veces. Dedica de 10 a 15 minutos para completar el perfil. Tómalo cuando estés relajado y trata de no correr a través del mismo.

Es más significativo para mí cuando...

1
alguien que amo me envía una nota, un mensaje de texto o un correo electrónico cariñoso sin ninguna razón especial. A
abrazo a alguien que quiero. E

2
puedo pasar tiempo solo con alguien que amo, solo nosotros. B
alguien a quien amo hace algo práctico para ayudarme. D

3
alguien que quiero me da un pequeño regalo como muestra de nuestro afecto e interés del uno por el otro. C
puedo pasar un tiempo de ocio ininterrumpido con los que amo. B

4
alguien que amo hace algo inesperado para ayudarme con un proyecto. D
puedo dar y recibir un toque inocente de alguien a quien quiero. E

5
alguien que amo pone su brazo alrededor de mí en público. E
alguien a quien amo me da una sorpresa con un regalo. C

6
estoy cerca de alguien que quiero, incluso si en realidad no estamos haciendo nada. B
puedo estar cómodo tomado de las manos, o poniendo mi brazo alrededor de alguien que amo. E

7	recibo un regalo de alguien que amo.	C
	escucho a alguien que quiero decirme que me ama.	A
8	me siento cerca de alguien a quien amo.	E
	soy felicitado sin razón aparente por alguien a quien amo.	A
9	tengo la oportunidad de pasar el rato con alguien que quiero.	B
	sin esperarlo recibo pequeños regalos de parte de alguien que amo.	C
10	escucho a alguien que quiero decirme: «estoy orgulloso de ti».	A
	alguien a quien amo me ayuda con una tarea.	D
11	tengo que hacer cosas con alguien que amo.	B
	escucho palabras de apoyo de alguien que quiero.	A
12	alguien que amo hace cosas para mí en vez de solo hablar de hacer cosas buenas.	D
	me siento conectado con alguien que amo por medio de un abrazo.	E
13	oigo elogios de parte de alguien que quiero.	A
	alguien a quien amo me da algo que muestra que estaba de verdad pensando en mí.	C
14	puedo estar con alguien a quien amo.	B
	recibo un masaje en la espalda de alguien a quien amo.	E
15	alguien a quien amo reacciona de forma positiva sobre algo que he logrado.	A
	alguien que amo hace algo para mí que sé que no le gusta mucho.	D
16	puedo estar en proximidad física con alguien a quien amo.	E
	noto que alguien que quiero muestra interés en las cosas que me importan.	B
17	alguien a quien amo trabaja conmigo en proyectos especiales que tengo que terminar.	D
	alguien que amo me hace un regalo emocionante.	C

18	soy felicitado por mi apariencia por alguien a quien quiero.	A
	alguien a quien amo dedica tiempo a escucharme y a entender de verdad mis sentimientos.	B
19	puedo dar y recibir una caricia amorosa en público con alguien que amo.	E
	alguien a quien amo se ofrece a hacer encargos para mí.	D
20	alguien a quien amo hace algo especial para mí que me ayuda.	D
	recibo un regalo de alguien a quien amo que sé lo pensó para elegirlo.	C
21	alguien que amo no revisa su teléfono mientras hablamos.	B
	alguien que amo deja de hacer algo a su manera que alivia la presión sobre mí.	D
22	espero la llegada de un día festivo porque probablemente recibiré un regalo de alguien a quien amo.	C
	escucho las palabras «te aprecio» de parte de alguien a quien amo.	A
23	alguien que amo y que no he visto en un tiempo piensa lo suficiente en mí como para darme un pequeño regalo.	C
	alguien que amo se encarga de algo de lo que soy responsable de hacer pero que me siento demasiado estresado para hacerlo en el momento.	D
24	alguien que amo no me interrumpe mientras estoy hablando.	B
	dar regalos es una parte importante de la relación con alguien que amo.	C
25	alguien que amo me ayuda cuando sabe que ya estoy cansada.	D
	tengo que ir a algún lugar mientras paso tiempo con alguien que amo.	B
26	alguien que amo toca mi brazo u hombro para mostrar su cuidado o preocupación.	E
	alguien que amo me hace un pequeño regalo que buscó durante el transcurso de su día normal.	C
27	alguien que amo dice algo que me anima.	A
	puedo pasar tiempo en una actividad o distracción junto a alguien que amo.	B

28	alguien que amo me sorprende con una pequeña muestra de su aprecio.	C
	toco con frecuencia a alguien que amo para expresarle nuestra amistad.	E
29	alguien que amo me ayuda, en especial si sé que ya está ocupado.	D
	oigo a alguien que amo decirme que me aprecia.	A
30	recibo un abrazo de alguien que no he visto por un tiempo.	E
	escucho a alguien que amo decirme cuánto significo para él.	A

Ahora vuelve y cuenta las veces que marcaste cada letra individual con un círculo. Escribe a continuación ese número en el espacio en blanco apropiado.

RESULTADOS

A:______PALABRAS DE AFIRMACIÓN

B:______TIEMPO DE CALIDAD

C:______REGALOS

D:______ACTOS DE SERVICIO

E:______CONTACTO FÍSICO

¿Cuál lenguaje del amor recibió la puntuación más alta? Ese es tu lenguaje del amor primario. Si los totales de puntos para dos lenguajes de amor son iguales, tú eres «bilingüe» y tienes dos lenguajes de amor primarios. Y si tienes un lenguaje de amor secundario, o uno que está cerca en la puntuación de tu lenguaje primario del amor, esto significa que ambas expresiones del amor son importantes para ti. La puntuación más alta posible para un solo lenguaje del amor es 12.

DETERMINAR EL LENGUAJE DEL AMOR DE UNA PERSONA CON LA ENFERMEDAD DE ALZHEIMER EN LA ETAPA MEDIA O AVANZADA

Aunque hay valor en conocer el lenguaje del amor primario predemencia de una persona, ten en cuenta que durante la etapa media y avanzada de la enfermedad de Alzheimer, el lenguaje del amor de una persona puede cambiar. Por tanto, después de pasar el punto medio de la enfermedad, recomendamos expresar el amor a las personas con demencia utilizando los cinco lenguajes del amor. (Hablaremos más sobre esto en el capítulo 4: «Cada día es el mejor día»).

Si no conoces el lenguaje natural del amor de predemencia de una persona en la etapa media o avanzada de la EA, pero te gustaría hacer una «conjetura razonable» al respecto, puedes ser capaz de deducirlo por medio de un proceso de dos pasos:

Primer paso. Toma la prueba de lenguajes del amor una segunda vez en nombre de la persona a quien cuidas, respondiendo a las preguntas de la forma en que piensas que él o ella habría respondido antes de la demencia.

Segundo paso. Responde a las tres preguntas siguientes, que han sido adaptadas del libro *Los 5 lenguajes del amor*:

1. Antes de la demencia, ¿cómo expresaba tu ser querido con más frecuencia su amor por ti y por los demás?

Las personas naturalmente tienden a expresar el amor a los demás en la forma que es más significativa para ellas. Si en general hacían actos de servicio para otros, este puede haber sido su propio lenguaje del amor. Si de manera consecuente afirmaban a las personas de manera verbal, entonces las *Palabras de afirmación* eran probablemente su lenguaje del amor.

2. Antes de la demencia, ¿de qué se quejaba tu ser querido más a menudo?

Si tú o un miembro de la familia iban de viaje y volvían con las manos vacías, se quejaba tu ser querido diciendo: «¿No me has traído nada?». Si es así, los *Regalos* pueden haber sido su principal lenguaje del amor. Si él o ella se quejaba: «Nunca pasamos tiempo juntos», su lenguaje del amor era probablemente *Tiempo de calidad*. Gary dice: «Tus quejas revelan tus deseos internos».

3. Antes de la demencia, ¿qué peticiones hacia tu ser querido con más frecuencia?

Si te preguntaba: «¿Me puedes dar un masaje en la espalda?», estaba pidiendo contacto físico. Si te preguntaba: «¿Te sería posible limpiar tu armario esta tarde?», expresaba su deseo de un acto de servicio.

> *Basado en los resultados de la prueba de los lenguajes del amor tomada por cuenta de la persona con demencia, y las respuestas a las tres preguntas anteriores, creo que el lenguaje del amor primario predemencia de la persona de quien cuido era_______________________. (Dependiendo de la progresión de la enfermedad, este lenguaje del amor puede ser todavía muy importante para esa persona).*

3

La enfermedad de Alzheimer pone a prueba el amor

«Todo el conocimiento de los libros en el mundo no puede reemplazar la experiencia de vivir con esto».
—ABIGAIL, hija que cuida de su madre enferma de Alzheimer

¿POR QUÉ LA MAYORÍA de los matrimonios y otras conexiones afectuosas se deshacen cuando la enfermedad de Alzheimer invade una relación? Nuestra profunda empatía por todos los afectados por esta enfermedad nos obliga a responder: *¡Porque la experiencia resulta muy difícil!* Lo sabemos, no solo por nuestras propias observaciones emocionalmente conmovedoras, y en el caso de Ed por experiencia personal, sino también porque los cuidadores como Juan nos lo han dicho. «Esta es una enfermedad progresiva y nada se pone mejor», dijo. «Cada día es más duro y emocional que el anterior. Excepto la infidelidad, probablemente no hay una prueba más fuerte del amor conyugal que la enfermedad de Alzheimer». Si bien fomentamos el «amor por elección» en todos los contextos de cuidadores, sabiendo que es complemente posible, también reconocemos que la EA complica las relaciones amorosas en maneras muy problemáticas y al parecer insuperables.

> «Excepto la infidelidad, probablemente no hay una prueba más fuerte del amor conyugal que la enfermedad de Alzheimer». —JUAN

Tal como ya indicamos, los factores clave para mantener una conexión amorosa con una persona con demencia (PCD) son la perspectiva y el esfuerzo del cuidador. Sin embargo, cuando la pesada carga del cuidado ha agotado emocional, física y espiritualmente a los cuidadores, se hace sumamente difícil para ellos disponer de la energía necesaria para fortalecer los gestos intencionales de amor que defendemos. Es decir, el estrés y el agotamiento al cuidar del enfermo pueden debilitar o destruir el «apego emocional» que une al cuidador con la persona con demencia. Para muchos de ellos, ese vínculo se ha desgastado tanto que tan solo pasar el «día de 36 horas» requiere toda la energía que pueden reunir. La mayoría de los cuidadores, para usar la metáfora de Gary, tiene un *depósito emocional vacío.*

La solución —que ayuda a preservar el «apego emocional»— es que los miembros de la familia y los amigos llenen continuamente el depósito emocional del cuidador con desbordes intencionales de amor. Antes de aplicar los cinco lenguajes del amor específicamente a los cuidadores, será útil destacar primero siete aspectos de la enfermedad de Alzheimer que, en nuestra opinión, amenazan más los frágiles lazos emocionales de las relaciones.

SIETE AMENAZAS AL «APEGO EMOCIONAL»

El delirio de la infidelidad

Un delirio es la creencia de que algo es verdad cuando no lo es. Los delirios pueden ocurrir cuando una persona ha malinterpretado la entrada sensorial: lo que ve, oye o siente. La pérdida de la memoria, la disminución de la función visual y espacial y otros cambios cognitivos también pueden desempeñar un papel. Alrededor del 70 por ciento de las personas con la EA tendrán pensamientos delirantes en algún momento.[1] Mientras que los delirios pueden presentarse pronto en la enfermedad, por lo general ocurren más tarde debido a los cambios cerebrales que normalmente comienzan en la etapa media. A veces los delirios son provocados por la sobrecarga sensorial: luces brillantes, demasiado ruido o sombras que distorsionan la apariencia de objetos comunes. Como resultado, las personas, los objetos y las situaciones que antes eran familiares pueden parecer ahora confusos o amenazantes. En los delirios comunes, el enfermo cree que un extraño ha estado en la casa o que la gente en la televisión está realmente presente en la habitación. Algunas personas creen que su verdadero cónyuge, hijo adulto o incluso una mascota o su casa ha sido reemplazado por un impostor muy parecido, un delirio conocido como síndrome de Capgras.

A veces las personas tienen delirios paranoicos. Estos son falsas creencias que llevan a la persona a sospechar o ser desconfiada. Una persona puede creer, por ejemplo, que alguien la está espiando. Alguien puede quejarse de que le están robando su dinero, ropas u otras posesiones. Las creencias paranoicas suelen afectar el comportamiento. Las personas pueden responder a la creencia de que sus posesiones están siendo robadas acusando a los miembros de la familia de robo. También pueden comenzar a ocultar o acumular cosas. ¡Los cuidadores nos han contado de seres queridos que acumulan de todo, desde dulces hasta pelotas de golf! Por supuesto, siempre es posible que la queja de alguien sea realmente cierta, por lo que es prudente investigar antes de afirmar que es delirio.

De todos los delirios paranoicos comunes, ninguno probablemente

---

1. George Kraus, *Helping the Alzheimer's Patient: Plain Talk and Practical Tools* (DVD), presentado por PESI, copyright 2011, MEDS PDN, Eau Claire, WI.

causa más estrés en un matrimonio que la falsa creencia de que tu cónyuge está teniendo una aventura. En este escenario, la persona con la EA se convence de la infidelidad de su cónyuge a pesar de la falta de pruebas. Debido a que los delirios parecen tan reales para la persona que los experimenta, ninguna cantidad de razonamiento o explicación la convencerá de la fidelidad de su cónyuge. Las lágrimas y angustia emocional agitada por las acusaciones de infidelidad son dolorosas y dañan a cualquier matrimonio, y los matrimonios que involucran demencia no son una excepción. (En el capítulo 5 damos a conocer una estrategia para lidiar con delirios y otros comportamientos retadores).

Identidad equivocada

Cuando la EA afecta no solo a la memoria, sino también a la parte del cerebro que nos permite reconocer caras e interpretar la entrada sensorial, una persona puede confundirse acerca de la identidad de los miembros de su familia u otros que ha conocido durante años. La experiencia que Ed describió en el primer capítulo, cuando su esposa ya no lo reconoció como su esposo, es un ejemplo de esto. Como recordará, esta fue para Ed una experiencia emocional dolorosa.

La experiencia de Sara fue similar. «Fue lo primero que de verdad me aplastó», dijo.

«Un día mi marido, Roberto, me presentó a una dama como su hermana. Dijo: "¿Conocías a mi hermana Lucía?". ¡Quedé con la boca abierta por la sorpresa! Más tarde, ese mismo día, se volvió hacia nuestro yerno y le preguntó: "¿Llegaste a conocer alguna vez a mi hermana Lucía?". Esto en realidad me molestó en ese momento. Eso fue hace dos años y creo que durante mucho tiempo él pensó que yo *era* Lucía. Roberto, en realidad, tiene una hermana llamada Lucía. Él sabe que yo soy su esposa, pero cree que solo me está visitando».

Después de sobrevivir al choque inicial, Sara y Ed aprendieron a recordar que la confusión de su cónyuge sobre su identidad se debe a la enfermedad. En las familias donde no se ha diagnosticado la enfermedad de Alzheimer o se ha diagnosticado pero hay poco conocimiento sobre la enfermedad, la experiencia de identidad equivocada puede ser, como lo fue para Sara, aplastante, sin información que la ayudara a mitigar el dolor emocional.

Comportamiento extraño

Cada cuidador de una persona con demencia haría bien en memorizar esta frase del libro *Cuando el día tiene 36 horas*: «Cuando una persona hace algo extraño o inexplicable, generalmente es porque alguna parte del cerebro no ha cumplido con su tarea».[2] Estos cuidadores han contado muchas historias de comportamiento «extraño o inexplicable» de sus seres queridos:

- La esposa de Samuel está obsesionada con regar sus plantas dentro de la casa. Ella las riega a diario y las plantas están inundadas. Un día, cuando el agua empezó a desbordar las macetas, Samuel gritó: «¡Por favor, para!», pero ella no se detuvo. Discutieron durante unos minutos antes de que él se rindiera. Decidió poner bolsas de plástico debajo de las macetas para controlar el desbordamiento.

- La madre de Abigail se levantó a las dos de la madrugada y se vistió. Dijo que estaba esperando para su paseo. Cuando Abigail le dijo que nadie iba a venir a recogerla en medio de la noche, Abigail expresó: «Me miró como si yo estuviera loca».

- María llevó a su tío Javier a su casa para darle un descanso a la persona que lo cuidaba. María se puso a hacer galletas como

2. Nancy L. Mace y Peter V. Rabins, *The 36-Hour Day: A Family Guide for People Who Have Alzheimer's Disease, Related Dementias, and Memory Loss* (Baltimore: The Johns Hopkins University Press, 2011), p. 37. Publicado en español por Editorial Pax con el título *Cuando el día tiene 36 horas*.

un regalo para Javier. Mientras las galletas se horneaban, le mostró a Javier las galletas de mar (también conocidas como dólares de arena) que había traído de su viaje a la playa. Javier examinaba una de cerca en su mano cuando empezó a sonar el reloj del horno. María salió corriendo hacia la cocina, abrió el horno y sacó las bandejas de galletas. Mientras el delicioso aroma de las galletas recién horneadas llenaba la casa, María oyó un fuerte *crujido*...

- Raúl le pidió a su esposa una taza de arena blanca. Ella sabía que él se estaba refiriendo a un helado.

- Roberto pensó que él y su esposa Sara se iban de viaje con el fin de que él pudiera tomar un nuevo trabajo. Llenó el maletero del automóvil con una sierra, niveles, martillos y un surtido de otras herramientas. Cuando Roberto estaba ocupado haciendo otra cosa, Sara descargó el maletero y metió todas las herramientas en el garaje. Él sacó las herramientas y las volvió a cargar en el maletero. Sara las descargó pacientemente. La carga y descarga continuó durante más de una semana.

Pérdida de intimidad sexual

Uno de los aspectos de la enfermedad de Alzheimer del que menos se habla es el hecho de que finalmente priva a una pareja de su relación sexual. La mayoría de las personas adultas permanece activa sexualmente hasta bien entradas en los 80 años, y en los primeros años de la EA todavía pueden seguir disfrutando de la actividad sexual. A medida que pasa el tiempo, sin embargo, numerosos factores al final conspiran para sabotear la intimidad sexual.

A medida que la enfermedad invade los lóbulos frontales del cerebro, las personas con la EA lentamente pierden la capacidad de iniciar cualquier cosa, incluida la actividad sexual. Además, a medida que la memoria se desvanece, los enfermos literalmente olvidan cómo hacer el amor. Cuando ya no pueden recordar su conocida «rutina» preliminar para hacer el amor, las personas con la EA pueden sentirse muy avergonzadas o inadecuadas para participar en actividades sexuales. Algunos también se vuelven hipersensibles al tacto y, por lo tanto, reacios a la actividad sexual.

Cuando una persona con la EA ya no reconoce a su cónyuge, en la mayoría de los casos el cónyuge que la cuida se siente incómodo de continuar con la relación sexual.

Al igual que en el caso de Ed, cuando una persona con la EA ya no reconoce a su cónyuge, o como en la historia de Sara, cuando la esposa es confundida con otro pariente, la mayoría de los cuidadores se siente incómoda de continuar con la relación sexual. También, como dijimos anteriormente, incluso cuando la intimidad no se ve obstaculizada por la propia enfermedad, el abismo emocional entre la pareja a menudo anula el deseo de intimidad física.

Algunos cónyuges nos dicen que no quieren que regrese la parte sexual de su relación. Pamela dice que es porque su esposo no quiere ducharse y porque sus hábitos de aseo son desagradables. Sin embargo, la mayoría de los esposos y esposas dice que echan de menos la intimidad sexual con su cónyuge.

Desinhibición

Cuando los lóbulos frontales del cerebro son afectados por la demencia, las personas tienen menos control sobre sus «modales» y comportamientos socialmente apropiados. Esta reducción en la capacidad para controlar los impulsos se llama *desinhibición*. Los comportamientos desinhibidos incluyen jurar, no mostrar empatía, robar en tiendas, grosería, insensibilidad, interactuar mal con otros y también, aunque con poca frecuencia, masturbación, micción o desvestirse en público. Alrededor del 36 por ciento de los que padecen la EA mostrarán algún tipo de desinhibición durante el curso de su enfermedad.[3] La desinhibición es mucho más común entre los que tienen demencia frontotemporal (DFT).

La desinhibición puede extenderse a los comportamientos sexuales. Como ya mencionamos, la mayoría de las personas con la EA se vuelve apática en cuanto al sexo; pero con una mayor participación del lóbulo frontal, según la doctora Julie Williams, «puedes terminar teniendo más desinhibición». Cuando las conductas sexualmente desinhibidas se enfocan en el cónyuge, la persona con demencia puede ser insensible, agresiva y exigente, mostrando enojo si el cónyuge se niega a sus deseos. Cuando la desinhibición sexual está dirigida a personas que no sean el cónyuge, puede ir desde comentarios fuera de tono a solicitudes sexuales manifiestas. Esta es la enfermedad actuando, haciendo que la persona se confunda acerca de las identidades de los demás o incluso olvidando que él o ella tiene un cónyuge. La doctora Williams dice que cuando la desinhibición sexual es dirigida a alguien que no es el cónyuge de la persona, es emocionalmente difícil para el cónyuge sano, quien, aunque herido, debe «poner el comportamiento en el contexto de la enfermedad. Y eso no es fácil».

Sara dice que un día cuando ella fue a recoger a su marido de su programa de guardería para adultos, «él estaba tomándose de las manos con una de las mujeres que también es una paciente. Solo me reí entre dientes. Pensé que eso podía suceder. Lo he aceptado, aunque es difícil de aceptar».

---

3. Kraus, *Helping the Alzheimer's Patient: Plain Talk and Practical Tools.*

Repetir

Cuando la EA ha erosionado severamente la memoria a corto plazo, y una persona simplemente no puede recordar las cosas de un minuto a otro, las conversaciones pueden quedar atascadas en un círculo sin fin. Ed afirma: «Cuando la persona con la enfermedad sigue haciendo la misma pregunta o refiriéndose a un suceso una y otra vez, frustra a su cónyuge. El cónyuge se pone de mal humor y dice: "¡Me lo has preguntado diez veces! ¿Por qué no lo recuerdas? Escríbelo. Aquí hay un bloc de notas adhesivas. Ponte esta en la frente"». Se necesita mucha paciencia para responder a una pregunta por la decimoquinta vez de manera tan amable y neutral como la primera vez que se pregunta.

Yo (Debbie) empecé a darme cuenta de esto un día cuando me pidieron que me sentara con un paciente de Alzheimer mientras su esposa estaba recibiendo información sobre un estudio de investigación. Este caballero y yo estábamos sentados a menos de cuatro metros de la habitación donde estaba su esposa. Nuestra conversación se desarrolló más o menos así:

—Hola, Guillermo. Soy Debbie. Voy a platicar contigo mientras tu esposa habla con el médico.

—Está bien. ¿Dónde está mi esposa?

Apunté a la puerta cerrada.

—Está exactamente allí hablando con el médico.

Guillermo tomó una revista y empezó a hojearla. Entonces abruptamente la dejó sobre la mesa.

—¿Dónde está mi esposa? —preguntó.

—¿Ves esa puerta? Ella está dentro de esa habitación. Va a salir en unos minutos.

—¿Qué está haciendo ella allí?

—Está hablando con el médico —y con la intención de distraer a Guillermo le pregunté—. ¿Cuántos hijos tienes?

—No estoy seguro. ¿Dónde está mi esposa?

Se lo dije de nuevo. Volvió a tomar la revista y la dejó de nuevo.

—¿Dónde está mi esposa? —preguntó otra vez.

Seguir

Personas como Guillermo, en la etapa avanzada de su experiencia con la EA, quieren mantenerse físicamente cerca de su cuidador primario. Esa persona, más que nadie, les hace sentirse seguros en un mundo cada vez más incomprensible. Ellos literalmente siguen a su cuidador alrededor de la casa todo el día. Carmen nos dice que su marido Francisco la sigue incluso al baño. «Es como si estuviéramos pegados uno al otro», afirma claramente exasperada.

La escritora Carole Larken ha señalado: «Después de un tiempo este comportamiento se convierte en desconcertante e incluso molesto para el que cuida al enfermo con Alzheimer. El cuidador en realidad pierde su propio espacio personal y comienza a sentirse sofocado por la persona con demencia».[4]

LA CARGA DEL CUIDADOR

Los siete aspectos de la EA descritos anteriormente, junto con otros que no se mencionan aquí, imponen una nueva y *anormal* «normalidad» en las relaciones que pueden desviarlas o desencolarlas por completo. Todo el que conoce a la persona con la EA debe lidiar con el hecho de que él o ella ya no son el mismo cónyuge, padre, hermano o amigo que conocieron antes de que la enfermedad lo afectara. Si bien hay consuelo en saber que la persona no ha cambiado intencionalmente, este conocimiento no hace la vida diaria más fácil para los que cuidan de ese familiar. Ellos llevan una «mochila» emocional conocida en la literatura profesional como *la carga del cuidador*.

---

4. Carole B. Larken, «Me and My Alzheimer's Shadow», http://www.alzheimersreadingroom.com/.

Mientras que el contenido de las mochilas de los cuidadores difiere de acuerdo con las circunstancias de su vida, casi todas ellas contienen los pesados componentes del duelo y del estrés.

El duelo del cuidador

En su prólogo al libro *The Longest Loss: Alzheimer's Disease and Dementia*, el doctor Peter Rabins señaló que todas las demencias «están asociadas con un proceso de duelo tanto en la persona con demencia como en quienes la aman y cuidan».[5]

Poco a poco, los que padecen la EA pierden la capacidad de hacer cosas por sí mismos, de relacionarse con los demás y recordar quiénes son. Con cada una de estas pérdidas, aquellos familiares que los cuidan pierden también algo:

- La personalidad del ser querido que ha hecho su relación única.
- La compañía de la persona, incluso hasta la intimidad sexual.
- La ayuda que el cuidador ha estado acostumbrado a recibir.
- La libertad que tenía cuando su participación en el cuidado familiar era una parte más pequeña de su vida diaria.
- El futuro que había planeado con el ser querido.

Algunas de estas pérdidas son especialmente difíciles porque no son tan claras o definitivas, como cuando, por ejemplo, ocurre una muerte.

El esposo de Ana tiene la EA. Su amiga observó: «Estás casada y

5. Peter V. Rabins, prólogo de *The Longest Loss: Alzheimer's Disease and Dementia*, eds. Kenneth J. Doka y Amy S. Tucci (Washington, D.C.: Hospice Foundation of America, 2015), pp. iii-iv.

viuda al mismo tiempo». Este comentario revela la naturaleza ambigua de la pérdida de Ana: aunque ella está casada, de alguna manera la enfermedad de su marido ha hecho que esté sola. La angustia ambigua de Ana contrasta con la pena más concreta del divorcio o de la muerte. Si Ana estuviera afligida por un divorcio, tanto ella como su ex marido estarían vivos, pero uno o ambos habrían elegido el divorcio. Si estuviera afligida por la muerte de su esposo, solo ella estaría viva, pero ninguno de los dos habría elegido la muerte. Pero desde que el marido de Ana tiene la EA, su dolor es híbrido: tanto ella como su marido están vivos y ninguno de ellos escogió la enfermedad.

El dolor producido por la enfermedad de Alzheimer es intermitente. Por lo general, surge inicialmente en el momento del diagnóstico, entonces se nivela en la etapa media de la enfermedad, solo para resurgir de nuevo a medida que se acerca el final de la experiencia. El curso del dolor cambia junto con el curso de la enfermedad. Al principio, por lo general, tanto la familia como el enfermo comparten el dolor del diagnóstico. En la etapa inicial y media de la enfermedad, los seres queridos y el familiar enfermo están afligidos por cosas diferentes. Los seres amados lloran por la pérdida progresiva de cognición, los cambios en la personalidad y de comportamiento en la persona diagnosticada; la persona con la EA se apena por su pérdida de capacidades e independencia. En la etapa final de la EA, cuando el enfermo ya no es consciente de lo que le está sucediendo, los miembros de la familia sienten ellos solos el dolor por el final de la experiencia.

El estrés del cuidador

Según la Asociación de Alzheimer, el 83 por ciento del cuidado dado en los Estados Unidos es realizado por miembros de la familia no remunerados. En el 2015, alrededor de 15,7 millones de estadounidenses que ayudaron como cuidadores sin remuneración dieron 18,1 mil millones de horas de atención a personas con la EA y otros tipos de demencia.[6] Muchos de los que prestan atención a un miembro de la familia también mantienen un empleo y crían a sus hijos. En una encuesta de mujeres en un papel de cuidado doble, el 53 por ciento dijo que cuidar de una persona con la EA era más difícil que cuidar niños.[7]

Sin tener en cuenta la remuneración, el entrenamiento o la relación con una persona con la EA, este cuidado es a menudo una tarea solitaria, estresante e ingrata. Muchos cuidadores de un familiar reciben poca o ninguna ayuda física o apoyo emocional, y a veces nadie se ofrece para darles un muy necesario descanso. Los que están «de guardia» 24 horas cada día de la semana y con frecuencia privados de sueño se ven a menudo abrumados y viven en un estado de estrés crónico sin ningún alivio. El estrés crónico hace más que desgastarnos. Al aumentar la presencia de las hormonas del estrés —adrenalina y cortisol— en el torrente sanguíneo, el estrés implacable tiene graves consecuencias para el cuerpo. Se piensa que el exceso de cortisol eleva la presión arterial y disminuye el sistema inmune, haciendo que los cuidadores sean más vulnerables a las enfermedades.

> «El divorcio puede en algún momento pasar por la mente de muchos cuidadores».
> —Doctora Julie Williams

Los cuidadores muy estresados son más propensos a tener un problema de salud a largo plazo como enfermedades del corazón, apoplejía, cáncer, diabetes o artritis. Además, debido a que están más centrados en el cuidado del paciente con la EA que en sí mismos, es

6. Alzheimer's Association, «2016 Alzheimer's Disease Facts and Figures», http://www.alz.org/documents_custom/2016-facts-and-figures.pdf, p. 32.

7. Alzheimer's Association, «2016 Alzheimer's Disease Facts and Figures», p. 36.

más probable que tengan un sobrepeso significativo y tengan menos probabilidades de hacer ejercicios o cocinar comidas saludables.[8]

El estrés del cuidador también tiene un precio emocional. No sorprende que el 40 por ciento de los cuidadores de algún familiar sufra de depresión clínica. Cuanto más grave sea el deterioro cognitivo de la persona a quien cuidan, más probable es que el cuidador se deprima.[9] Graciela dice: «¡Amo la vida! Me levanto por la mañana y abro las persianas, agradecida de estar aquí, y al cabo de 30 minutos me recuerdan dónde realmente estoy. Estoy en medio de la demencia. Y mi alegría se desvanece rápidamente. Todos los días tengo que lidiar con la depresión».

Muchos cuidadores también luchan con la ansiedad y otras emociones. Les pedimos a algunos de ellos que mencionaran la emoción que más caracteriza su experiencia como cuidador:

Ester: tristeza
Esteban: frustración
Ricardo: culpa
Pedro: soledad
Pilar: resentimiento, lamento y amargura

Pilar explica: «Este es un segundo matrimonio para mí. Tal vez si me hubiera esforzado más en mi primer matrimonio, no estaría ahora en esta situación. Me siento engañada. Quiero seguir adelante con mi vida».

Aunque puede que no todos los cuidadores lo admitan, la doctora Williams nos dice: «El divorcio puede en algún momento pasar por la mente de muchos cuidadores». Ed dice: «Sin duda, el costo emocional es mayor y los asuntos familiares son más complejos en los segundos matrimonios cuando la demencia afecta a uno de los dos en la pareja».

---

8. U.S. Department on Health and Human Services, Office of Women's Health, «Caregiver Stress: Frequently Asked Questions», www.womenshealth.gov.

9. Alzheimer's Association, «2016 Alzheimer's Disease Facts and Figures», p. 36.

Si bien todos los cuidadores que entrevistamos para este libro han descartado el divorcio como una opción para ellos mismos, entienden el deseo muy humano de escapar de una situación emocionalmente dolorosa y físicamente agotadora.

LA CARGA DEL CUIDADOR: NUESTRAS ENCUESTAS

Usamos una encuesta que el entrevistado hace por sí mismo llamada *Entrevista sobre la carga del cuidador de Zarit* e hicimos un sondeo con 50 cuidadores de enfermos de demencia que participaban en grupos de apoyo. Este cuestionario pide a los encuestados que usen una escala de cinco puntos para indicar cómo se sienten sobre ciertos aspectos de la atención. En respuesta a la pregunta: *«¿Sientes que debido al tiempo que pasas con tu familiar ya no tienes suficiente tiempo para ti?»*, cerca del 80 por ciento dijo que «a veces» se sienten de esa manera, «con bastante frecuencia» o «casi siempre». En respuesta a la pregunta: *«¿Te sientes estresado al cuidar de tu familiar y tratar a la vez de cumplir con otras responsabilidades para tu familia o trabajo?»*. La respuesta: 39 de 50 dijeron que se sentían así «a veces», «con bastante frecuencia» o «casi siempre».

También encuestamos a 100 cuidadores utilizando el método de Marwit-Meuser Caregiver Grief Inventory. Este cuestionario mide la preocupación y el aislamiento, la tristeza y el anhelo, y la carga del sacrificio personal. Más de la mitad estuvo de acuerdo con las declaraciones: *«He perdido mi independencia… No tengo libertad para ir y hacer lo que quiero»* y: *«Me gustaría tener una o dos horas para mí cada día a fin de llevar acabo mis intereses personales»*.

EL APOYO SOCIAL ES MUY IMPORTANTE

A medida que avanza la EA, los afectados dependen cada vez más de la provisión y compasión de sus cuidadores. Cuando alguien está cuidando a un individuo dependiente, se crea una pareja desigual en la que uno principalmente da y el otro principalmente recibe. En estos escenarios de prestación de cuidados desequilibrados y de mucho estrés, existe la potencialidad de abuso. Según un estudio del año 2009 reportado por el Centro Nacional de Abuso de Ancianos, «cerca del 50 por ciento de las personas con demencia experimentan algún tipo de abuso».[10] En el 2010, otro estudio encontró que «el 47 por ciento de los participantes con demencia habían sido maltratados por sus cuidadores».[11]

El abuso ocurre no solo en los peores escenarios de pobreza o adicción a drogas, sino a veces también cuando las personas con la EA son miembros amados de la familia. Incluso en ambientes donde están satisfechas las necesidades físicas y económicas, una pareja dependiente puede funcionar terriblemente mal cuando el estrés del cuidador es excesivo, implacable y sin alivio, llevando a los que cuidan a un punto de ruptura emocional.

El alto nivel de estrés que pueden sufrir los cuidadores también es motivo de preocupación por otras dos razones importantes. Primera, y más bien irónicamente, la pesada carga que llevan los cuidadores y el estilo de vida poco saludable que a menudo acompaña a la prestación de cuidados pueden aumentar el riesgo de demencia para el que cuida del que sufre la EA. Un estudio del 2010 encontró que los esposos y esposas que cuidan a un cónyuge con demencia tienen seis veces más probabilidades de desarrollar demencia que las personas cuyos cónyuges están libres de demencia.[12] Aunque hay muchos

10. C. Cooper, A. Selwood, M. Blanchard, Z. Walker, R. Blizard y G. Livingston, «Abuse of people with dementia by family carers: representative cross sectional survey», *British Medical Journal,* 2009, *338*, b155.

11. A. Wiglesworth, L. Mosqueda, R. Mulnard, S. Liao, L. Gibbs y W. Fitzgerald, «Screening for abuse and neglect of people with dementia», *Journal of the American Geriatrics Society* 58, no. 3, 2010, pp. 493-500.

12. Johns Hopkins Medicine, «Spouses Who Care For Partners With Dementia at Sixfold Higher Risk of Same Fate: Stress of caregiving may be to blame», comunicado de prensa, 5 mayo 2010, http://www.hopkinsmedicine.org.

factores asociados con el inicio de la demencia, la investigación aún no ha demostrado con claridad la relación de «causa y efecto». Un contribuyente probable, sin embargo, es el cortisol excesivo provocado por el estrés crónico. Esto aumenta la inflamación cerebral, que es un conocido acelerador de la disminución cognitiva. Los expertos también piensan que el aislamiento social de los cuidadores, junto con la poca actividad física, el dormir mal y haber cambiado a la comida rápida y los alimentos procesados pueden contribuir al aumento del riesgo de demencia en los cuidadores.

La segunda razón de preocupación proviene del Estudio sobre los Efectos en la Salud de los Cuidadores de 1999. Los investigadores escribieron que «los datos indican que los cuidadores que dan apoyo a su cónyuge e informan sobre la tensión producida por el cuidado tienen un 63 por ciento más de probabilidades de morir dentro de cuatro años que los que no son cuidadores». El estudio definió a los «cuidadores con tensión» como aquellos entre las edades de 66 a 96 años con «niveles significativamente más altos de síntomas depresivos, mayores niveles de ansiedad y menores niveles de percepción de salud… con mucha menos probabilidad de descansar lo suficiente en general, tener tiempo para descansar cuando están enfermos o tener tiempo para hacer ejercicio».[13]

Veintisiete de los 50 cuidadores que encuestamos con la Entrevista Zarit sobre la Carga del Cuidador respondieron afirmativamente a la pregunta: *«¿Sientes que tu salud ha sufrido debido a tu participación en cuidar a tu familiar?»*. La mayoría de los cuidadores que entrevistamos de forma individual también nos dijo que cuidar a su ser querido había afectado negativamente su salud. Sara dijo: «Me diagnosticaron diabetes tipo 2 y creo que fue causada por el estrés. Debido a que me preocupo y cuido de mi marido, me olvido de mí misma».

---

13. Richard Schulz y Scott R. Beach, «Caregiving as a Risk Factor for Mortality: The Caregiver Health Effects Study», *JAMA* 282, no. 23, 1999, pp. 2215-2219.

La historia de Sandra, en particular, ilustra por qué los cuidadores encuentran que es tan difícil atender a sus propias necesidades de salud.

Sandra dice: «Me pongo comilona cuando estoy estresada. Necesitaba empezar a cuidarme porque mis cifras vitales —prensión arterial, colesterol y peso— eran demasiado altas. Había señales claras de que mi salud se había deteriorado y era hora de vigilar mis cifras vitales y cuidar de ellas». Ella hizo una cita con su médico. Había planeado llevar a su marido, Aarón, con ella, pero el día de la cita, se negó a vestirse. En lugar de cancelar la cita, le pidió a un vecino que vigilara a Aarón.

Al volver a casa después de la cita, vio autos de la policía en su vecindario. Cuando entró en su casa, encontró a su marido y a un policía. Se enteró de que, de alguna manera, Aarón se le había escapado al vecino y que el policía había respondido a una llamada de que Aarón había llegado desnudo a una escuela cercana. Ese «desastre», dice Sandra, «fue mi intento de cuidar de mi salud». Aarón decayó rápidamente después de este incidente y Sandra recordó: «Mi interés en enfocarme en mi salud cayó al final de la lista mientras lidiábamos con la miríada de asuntos que siguió».

La Asociación de Alzheimer señala que el cuidado de un paciente con la EA no siempre resulta en estrés para el que cuida o en consecuencias negativas para su salud. En su informe sobre *Hechos y Cifras de 2015*, la organización afirma que el estrés de los que cuidan varía de acuerdo con la «gravedad de la demencia, la capacidad del cuidador para percibir ciertos aspectos del cuidado, *el apoyo social disponible* y la personalidad del cuidador» (cursivas añadidas).[14] Del mismo modo, el Instituto Nacional sobre el Envejecimiento afirma que «los cuidadores que cuentan con *fuertes sistemas de apoyo*

14. Alzheimer's Association, «2015 Alzheimer's Disease Facts and Figures», p. 39.

y habilidades bien desarrolladas para afrontar las situaciones pueden sobreponerse al estrés de cuidar a un ser querido con la EA» (cursivas añadidas).[15]

A la luz de estos hallazgos, nuestra opinión es que los esfuerzos por apoyar a los cuidadores que sufren de estrés son algo más que meros actos de bondad. El apoyo social es una intervención a favor del que cuida que puede ayudar a prevenir el abuso del paciente y reducir el riesgo del cuidador de sufrir demencia, enfermedades y muerte prematura. *El apoyo social es muy importante.*

EL FACTOR DEL AMOR

El peso de la carga en la «mochila» de un cuidador tiene mucho que ver con la cantidad de peso que carga él solo. Una de las metas de este capítulo es fomentar el apoyo social, utilizando los propios lenguajes del amor de los cuidadores para reducir su carga. Los cinco lenguajes del amor pueden ser herramientas eficaces para comunicar el apoyo amoroso que suaviza o invierte algunos de los efectos dañinos del estrés. Aquellos dentro y fuera de la familia pueden usar los lenguajes del amor propios de los que cuidan para ayudarlos a «llevar la mochila». Cada vez que el depósito amoroso emocional del cuidador está vacío, los lenguajes de amor pueden ser usados creativamente para ayudar a llenarlo de nuevo.

FAMILIA Y AMIGOS: FORMAS DE APOYAR A LOS CUIDADORES

El doctor Alan Wolfelt, un experto en duelo, distingue entre dolor y duelo. El dolor, dice, es interno. El duelo es externo, es una

15. National Institute on Aging, National Institutes of Health, *Alzheimer's Disease: Unraveling the Mystery*. Publicación no. 08-3782, https://www.nia.nih.gov/alzheimers/publication.

experiencia que compartimos con otros. Lo que sucede a menudo, dice, es que muchas personas «terminan afligiéndose en su interior aisladas, en vez de llorar fuera de sí mismas en presencia de compañeros amorosos».[16]

En su libro *Loving Someone Who Has Dementia* [Amando a alguien que tiene demencia], la doctora Pauline Boss dice a los cuidadores: «Lo que hay que evitar es quedar aislados en una relación que quizá nunca sea recíproca de nuevo».[17] Muchos cuidadores hablan de la soledad que experimentan a medida que su ser querido decae, dejándolos cada vez más aislados emocionalmente. El aislamiento puede ser letal para mantener la resistencia del cuidador. Ed dice: «Los seres humanos somos criaturas de relación. La gente abandona porque cuidar de otro puede ser muy, muy solitario».

> «La gente abandona porque cuidar de otro puede ser muy, muy solitario». —Ed Shaw

Las expresiones intencionales de amor, creativamente administradas mediante los cinco lenguajes del amor, ayudan a remediar el aislamiento, que es uno de los aspectos más dolorosos de cuidar de los que están enfermos. Si conoces a una persona que se preocupa por alguien con la EA, no subestimes el valor inmenso de acercarte a él en amor y apoyo. Eso es lo que transforma el dolor del aislamiento en la experiencia sanadora del luto en comunidad con otros.

---

16. Alan D.Wolfelt, «Dispelling Five Common Myths About Grief» (folleto del seminario), Exploring Complicated Mourning: Sudden Death and Trauma Loss. Seminario presentado en Hospice of Davidson County, Lexington, NC, 21 octubre 2015.

17. Pauline Boss, *Loving Someone Who Has Dementia: How to Find Hope While Coping with Stress and Grief* (San Francisco: Jossey-Bass, 2011), p. 165.

USEMOS LOS CINCO LENGUAJES DEL AMOR PARA AYUDAR A LOS CUIDADORES

Los que cuidan de enfermos con Alzheimer, como todos nosotros, se sienten más emocionalmente amados cuando otros hablan su lenguaje de amor. Para adaptar el acercamiento amoroso a un cuidador individual, pídeles que completen la prueba de los lenguajes del amor (en el capítulo 2) a fin de que ambos puedan descubrir su lenguaje primario del amor. Entonces, armados con ese conocimiento, apoya al cuidador usando el lenguaje que le «habla del amor» a ellos más claramente. Nunca pierdas de vista el hecho de que tus esfuerzos para beneficiar a los cuidadores también ayudarán, en última instancia, a la persona que ellos cuidan.

Hablemos de Actos de servicio

Los cuidadores de su propio cónyuge a menudo necesitan ayuda práctica. Los ancianos que cuidan de su pareja pueden resistirse a recibir ayuda si crecieron creyendo que su deber conyugal es hacer todo ellos mismos. Los expertos dicen que es más fácil para los que cuidan aceptar la ayuda si las ofertas son muy específicas y la persona que las hace es suavemente persistente. Las ofertas para ayudar que son específicas pueden ser semejantes a:

«Voy a ir al supermercado esta tarde. ¿Necesitas que te traiga algo?».

«Estoy preparando sopa de verduras. ¿Es una buena hora a las cuatro de la tarde para llevarte un poco para la cena?».

«El próximo jueves tengo unas horas libres. ¿Qué te parece si me llevó a Federico a dar un paseo y así tú tienes un poco de tiempo para ti?».

Hay un sinfín de actos de servicio que podrían ser de mucha ayuda para un cuidador. Algunas ideas son cortar el césped, lavar la ropa, recoger una medicina, compartir verduras de su huerta, limpiar la nieve de la entrada de la casa, rastrillar las hojas, hacer reparaciones en la casa, ofrecerse a quedarse con el paciente con la EA para que el cónyuge pueda asistir a un grupo de apoyo, hacer encargos, hacer ejercicios, tomarse un descanso o acudir a la cita de un médico.

Hablemos de Palabras de afirmación

En *Los 5 lenguajes del amor*, Gary escribe: «El psicólogo William James afirmó que posiblemente la necesidad humana más profunda es la necesidad de sentirse apreciado. Las *Palabras de afirmación* satisfarán esa necesidad en muchos individuos».[18] La investigación indica que cuando los miembros de la familia muestran su aprecio por los esfuerzos de los cuidadores, ellos perciben que su carga es más ligera. Ed dice que cada vez que habla por teléfono con su hija Leah, ella casi siempre le dice: «Papá, estás haciendo un buen trabajo». Ed suele hablar de este simple pero poderoso aliento con muchos de sus pacientes y personas que aconseja.

La mayoría de los cuidadores que entrevistamos nos dijo que luchan con sentimientos de culpa, se sienten culpables porque no están haciendo más por la persona enferma, se sienten culpables cuando se toman tiempo para sí mismos o porque ellos están cognitivamente normales y su ser querido no. El estímulo verbal puede ayudar a un cuidador cansado a tratarse con gracia a sí mismo, aliviando la culpa, ya que las palabras de otros afirman cuán grande es la carga que llevan y cuán bien la llevan. Los cuidadores cuyo lenguaje del amor es *Palabras de afirmación* pueden sentirse queridos mediante llamadas telefónicas, tarjetas de felicitación, mensajes de texto o correos electrónicos que expresen admiración y gratitud por sus esfuerzos. Elogiar al cuidador, tanto en privado como en presencia de otros, también puede ser muy significativo: «Elena hace un trabajo excelente cuidando de Juan. Es muy paciente con él».

---

18. Chapman, *The 5 Love Languages*® (Chicago: Northfield Publishing, 2010), p. 44.

Otra idea es colgar un tablero, una pizarra o un cartón en blanco donde la familia y los amigos puedan dejar notas, escribir citas inspiradoras o palabras de aliento que el cuidador verá cada día. Para hacerlo más divertido, un toque moderno en esta idea es dar una mano de pintura a una pared, una puerta o un tablero y mantener a mano una caja con tizas de colores.

Hablemos de Tiempo de calidad

Gary define el tiempo de calidad como «darle a alguien toda tu atención».[19] El amor intencional y dirigido por la elección, llamado *hesed*, es «amor de *Tiempo de calidad*». En el capítulo 2 alentamos a los cuidadores a entrar en la vida de quienes cuidan con amor *hesed*. Aquí prescribimos dosis generosas de *hesed* para aquel que cuida de otro.

Acercarse a los cuidadores y darles *Tiempo de calidad* es el mejor bálsamo que conocemos para el aislamiento que experimenta el cuidador. Pasar tiempo de calidad puede significar escuchar a esa persona, que está sola o adolorida por sus pérdidas. También puede significar implicarle a él o ella en experiencias agradables que proporcionan un respiro y edifican amistad. Los cuidadores cuyo lenguaje de amor es el *Tiempo de calidad* pueden apreciar especialmente la conversación individual con un oyente empático que se centra en lo que la persona tiene que decir y procura sinceramente entender lo que él o ella está sintiendo. De la misma manera, la participación en un grupo de apoyo para cuidadores podría ser útil. Y todos los cuidadores necesitan tiempo libre lejos del paciente con la EA, haciendo algo divertido con un amigo o amiga.

Hablemos de Contacto físico

Cuando un paciente con la EA ha perdido la capacidad de iniciar el afecto o se ha vuelto contrario al tacto, deja un vacío en la vida del

19. Ibíd., p. 53.

cónyuge que cuida de él. Los amigos y familiares pueden ayudar al darle abrazos, palmadas, apretones de manos o poniéndole una mano reconfortante en el hombro del cuidador. Dependiendo de la relación, un masaje en los pies o la espalda también podría ser apreciado.

El lenguaje primario del amor de Ed es el *Contacto físico*. Su familia y amigos saben que le gusta «abrazar». Bing, uno de sus amigos más cercanos, es estadounidense de origen japonés. Debido a su cultura, y también a su forma de ser, no es por naturaleza un tipo de *Contacto físico*. Sin embargo, Bing es intencional no solo en cuanto a reunirse con Ed cada semana para un tiempo juntos, sino también sobre darle un «abrazo de hombre» cuando se despiden. Bing reconoce la importancia del *Contacto físico* para su amigo e intencionalmente se acerca a Ed con un abrazo para apoyar el cuidado que él presta a Rebecca.

Si el lenguaje del amor de un cuidador es el *Contacto físico*, estos gestos pueden ayudar a llenar su depósito emocional:

- Cuando hables con la persona, tócale de vez en cuando, por un momento, en su hombro o codo (que son lugares considerados «seguros» para tocar). Si sueles orar a la hora de las comidas, toma su mano mientras se ora.

- Experiencias táctiles. Las mujeres que cuidan de un ser querido pueden apreciar un relajante tiempo en el hogar mientras pasan tiempo con la persona con la EA: prepara un baño de burbujas, enciende una vela perfumada, agrega música suave y proporciona algo de loción relajante para después del baño.

- Regalos táctiles. En ocasiones de regalo o sin ninguna razón especial, dar algo que se sabe que la persona va a recibirlo con alegría como un par de zapatillas o unos guantes, un equipo para dar masajes a los pies, un cubre colchón, un certificado de regalo para un masaje o incluso un peluche.

Hablemos de Regalos

Tal como mencionamos antes, los regalos pueden ser tangibles o no. Cuando el regalo intangible es lo que Gary llama «el regalo de sí mismo o el de la presencia»,[20] el lenguaje de los *Regalos* se fusiona con el lenguaje del *Tiempo de calidad*. La presencia física de uno es en sí misma el regalo y dice: «Me preocupo por ti».

Regalos que son tangibles pueden ser golosinas como chocolates o entradas para un concierto, o cosas que proporcionan ayuda práctica. Cuando los regalos tangibles son bien escogidos, el lenguaje de los *Regalos* se fusiona con otros lenguajes del amor, como en el ejemplo anterior de dar regalos táctiles a una persona cuyo lenguaje amoroso es el *Contacto físico*. Un cuidador cuyo lenguaje del amor es *Regalos* pueden sentirse amado y también ayudado por regalos prácticos tales como comidas que se pueden congelar y mantener a mano, tarjetas de regalo para gasolina, comestibles o restaurantes, o contratar un servicio de limpieza de la casa o del cuidado del césped para el cuidador. Los hijos adultos pueden dar el regalo de un tiempo de respiro a un padre o madre cuidador que puede ser dos mañanas a la semana con la persona con la EA o contratando a un cuidador profesional para ayudar con tareas como bañarlo y vestirlo.

UN LENGUAJE PARA TODA UNA VIDA

Nuestra preferencia de lenguaje del amor está al parecer incorporada en nuestra composición natural. Gary dice: «Creo que nuestro lenguaje primario del amor tiende a permanecer con nosotros durante toda la vida».[21] Por tanto, si bien nada acerca de la experiencia del cuidado de una persona con la EA puede alterar el lenguaje principal del amor del que cuida, Gary cree que las circunstancias pueden

20. Ibíd., p. 78.
21. Ibíd., p. 170.

elevar la importancia de otro lenguaje del amor por un tiempo. Por ejemplo, incluso si los *Actos de servicio* no son el lenguaje de amor de un cuidador, si él está agotado por el cuidado y se siente muy mal por la gripe, cuando un amigo aparece para limpiar la nieve de la entrada de su casa, este generoso acto de servicio puede llenar su depósito emocional hasta el borde.

SENSIBILIDAD CULTURAL

Las actitudes sobre el cuidado y la aceptación de ayuda varían según las culturas. Mientras que los afroamericanos son dos veces más propensos a desarrollar la EA que los estadounidenses blancos,[22] las familias afroamericanas utilizan menos servicios de agencia que las familias blancas.[23] Los hispanos y asiáticos, y los estadounidenses blancos, pueden tener creencias diferentes sobre la demencia.

Tal como ya mencionamos, algunas culturas creen que la demencia es un castigo por los pecados cometidos o una vergüenza que trae deshonra a la familia. Si creen que deben esconder a la persona con la EA de los extraños, pueden resistirse a recibir ayuda y apoyo. Por tanto, en interés de ser «competente culturalmente», antes de acercarte a una familia con un trasfondo cultural diferente al tuyo, primero investiga las creencias de su cultura. Específicamente, será útil entender sus creencias acerca de la asistencia sanitaria, la demencia y la conveniencia de aceptar la ayuda de aquellos fuera de la familia. A menudo, la mejor manera de lograrlo es haciendo amistad con un miembro de esa cultura y pedirle que te enseñe acerca de su cultura. Además, se le debiera preguntar al cuidador primario de la persona con la EA qué sería más útil para asegurarse que el apoyo se propor-

---

22. Alzheimer's Association, «2016 Alzheimer's Disease Facts and Figures», p. 19.

23. Alzheimer's Association, «Cultural Competence», http://www.alz.org/Resources/Diversity/downloads/GEN_EDU-10steps.pdf.

ciona de una manera que es culturalmente apropiado. Los educadores de salud usan este mismo enfoque de un «informante clave» para diseñar intervenciones de salud pública culturalmente apropiadas.

EL CUIDADO PROPIO DE LOS CUIDADORES

Los autores del libro *Cuando el día tiene 36 horas* afirman: «El bienestar de la persona que tiene demencia depende totalmente de tu bienestar. *Es esencial que encuentres la manera de cuidarte a ti mismo para que no agotes tus propios recursos emocionales y físicos»* (cursivas en el original).[24] Estamos de acuerdo y te instamos a que tu propia salud sea una prioridad aún mayor que la salud de la persona a tu cargo.

¿Te suena eso como muy egoísta?

Yo (Debbie) solía pensar así. En *A Season at Home* [Una temporada en casa], un libro para madres que se quedan en casa (ahora agotado), escribí sobre la experiencia que cambió mi manera de pensar. Volaba desde Carolina del Norte a Los Ángeles con mi hijo de dos años. Tal vez escuché más atentamente la información sobre seguridad antes del vuelo porque mi niño iba conmigo. La azafata explicó que las máscaras de oxígeno caerían desde el techo si se daba la situación en que la cabina perdiera presión. Ella dijo: «Si viaja con un niño pequeño, ponga su propia mascarilla de oxígeno antes de intentar ayudar al niño». Esa declaración me molestó. Me preguntaba: «Si mi pequeño y yo necesitábamos oxígeno, ¿no sería egoísta cuidarme yo primero?».

Pensé en ello por un tiempo antes de decidir que la aerolínea tenía razón. Un niño puede resistir el intento de los padres de ponerle la máscara sobre la cabeza. Mientras que el padre trataba de ganar la lucha por el poder, bien podría suceder que perdiera el conocimiento por falta de oxígeno. Entonces, sin nadie para ayudarlo, al niño podría

24. Mace y Rabins, *The 36-Hour Day*, p. 407.

pasarle lo mismo. Pero al instruir a los padres a hacer lo «egoísta», la aerolínea aumenta las posibilidades de que ambos recibirán el oxígeno.

Escribí: «La lección que aprendí ese día es que no es egoísta que las madres tengan sus propias necesidades satisfechas; es inteligente».[25]

Es igual de inteligente pensar de la misma manera cuando estás cuidando de una persona con demencia. Para *poder* cuidar a esa persona, *debes* cuidarte a ti mismo. Para expresarlo de otra manera: ¿qué pasaría con la persona a tu cuidado si algo te sucediera a ti? Decide ser intencional sobre cuidar de ti mismo a la luz de estos dos hechos bien serios:

- La mitad de los cuidadores informan que la decadencia de su propia salud reduce su capacidad de cuidar de su ser querido.[26]

- Tal como ya indicamos, los cuidadores que están súper estresados tienen un 63 por ciento más de probabilidades de morir dentro de cuatro años que no los que no prestan ese cuidado.[27]

CUIDAR DE OTRO ES COMO UN DEPORTE DE EQUIPO

Si eres un cuidador, no intentes hacerlo estoicamente tú solo. Parte de cuidar de ti mismo es estar abierto a recibir atención de los demás. Ed les dice a los que atienden a otros que la tarea de cuidar es como un deporte de equipo. Su recomendación se basa en el consejo que le dio una vez el médico de Rebecca, el doctor Jeff Williamson. Le dijo a Ed: «Has llegado a un punto en esta experiencia en el que

---

25. Debbie Barr, *A Season at Home: The Joy of Fully Sharing Your Child's Critical Years* (Grand Rapids: Zondervan, 1993), p. 168.

26. Lauren G. Collins y Kristine Swartz, «Caregiver Care», *American Family Physician* 83, no. 11, 2011, p. 1310. www.aafp.org/afp.

27. Johns Hopkins Medicine, «Spouses Who Care For Partners With Dementia at Sixfold Higher Risk of Same Fate: Stress of caregiving may be to blame», comunicado de prensa, 5 mayo 2010, http://www.hopkinsmedicine.org.

ya no puedes pensar en ti mismo como ayudando a otros; ahora debes convertirte en alguien que es ayudado». Ed ahora pasa este mismo consejo a otros. Él les dice: «Si no involucras a tu familia y a otros en compartir la responsabilidad del cuidado, es más probable que te quemes o abandones. Desarrollarás una mala actitud si nunca consigues un descanso. Tienes que tener un poco de tiempo para ti. Eso te hace ser un mejor cuidador».

> Para *poder* cuidar de una persona con demencia, *debes* cuidarte a ti mismo.

Pocas personas van a negar la sabiduría de hacer del cuidado de otro un deporte de equipo. El problema es que la mayoría de los cuidadores no tiene suficiente gente en su equipo. Si bien algunas personas tendrán el impulso natural de acercarse a un paciente de Alzheimer y a quien lo cuida, la mayoría necesitará una invitación para unirse al equipo para ayudar con el cuidado. Ed sugiere hacer una lista de posibles miembros del equipo de cuidado. Él dice: «Simplemente dales a conocer el diagnóstico de Alzheimer. Diles en qué etapa está de la enfermedad y qué tipo de ayuda necesitas. Sé específico. Por ejemplo, di: "Realmente necesito ayuda para cuidar del césped. ¿Podrías encargarte de esa tarea?". Cuando la respuesta es "Lo siento, no tengo tiempo", sé amable y no critiques. Hay muchas razones por las que la gente no ayuda o no puede ayudar».

A menudo, los que se ofrecen voluntariamente para ayudar son personas que el cuidador nunca esperaba que lo hicieran. Otras veces, como descubrió Sonia, los que ella esperaba que ayudaran, se alejaron. Cuando Sonia pidió a sus dos familiares más cercanos unirse a su equipo, ambos declinaron. Uno de ellos dijo: «Tengo un problema contigo, pues hablas de cuán duro es esto para ti cuando es tu marido el que está perdiendo la vida». Afortunadamente, cuando Sonia pidió a sus amigos más cercanos de la iglesia que se unieran a su equipo, su respuesta fue: «Cuenta con nosotros». Ella les dijo: «Si quieren saber cómo estoy, llámenme; necesito oír voces humanas. Abrácenme; si no me tocan, nadie lo hará». Dijo Sonia: «Respondieron muy bien a mi petición de ayuda».

Al igual que en los equipos deportivos, no todos pueden o deben desempeñar el mismo papel en el equipo de apoyo del cuidador. Algunas personas se sienten incómodas con personas con la EA; otras tienen mucho talento y habilidad para trabajar con ellas. Algunas personas tienen tiempo y energía, pero poco dinero. Otras tienen dinero, pero poco tiempo y energía. Algunas son motivadoras naturales; a otras por naturaleza les gusta hacer cosas, siempre trabajando en la cocina, en el patio, con los autos o las computadoras. Lo que queremos decir es que, aunque las personas tienen muy variados talentos y circunstancias, la mayoría puede contribuir con algo a un equipo de apoyo del cuidador. Solo necesitan ser invitadas a ayudar.

Muchos cuidadores se benefician inmensamente al participar en un grupo de apoyo. Dado que todos los miembros se enfrentan a retos similares, estos grupos ofrecen un nivel de camaradería que puede ser difícil de encontrar en otros lugares. Sara observó: «La gente que no ha estado cerca de los enfermos de Alzheimer no entiende lo que realmente está sucediendo». Laura con lágrimas comentó con su grupo de apoyo algo que no había compartido con otros porque «No tengo que explicarles todo lo que estoy pasando».

Al ser «capitán del equipo», sé proactivo sobre el uso de tu propio lenguaje de amor para cuidar de ti mismo. Por ejemplo, si tu lenguaje de amor es *Recibir regalos*, cuando necesites un estímulo emocional, cómprate un pequeño regalo como una barra de chocolate o una revista. Si eres una persona de *Actos de servicio*, ten hecha una lista de maneras en que otros pueden ayudarte y pide ayuda cuando la necesites. Si el *Contacto físico* significa más para ti, programa un masaje o un tratamiento facial. Si tu lenguaje de amor es *Palabras de afirmación*, llama a un amigo. Si *Tiempo de calidad* está a la cabeza de tu lista, cuando alguien se ofrezca voluntariamente a pasar tiempo con la persona que cuidas, invita a un amigo a dar un paseo contigo.

Tu equipo estará más capacitado para ayudarte si ellos entienden lo que es más importante para ti. Explícales los cinco lenguajes del amor y dales a conocer cuál es tu lenguaje del amor primario (o dales un ejemplar de este libro o de uno de los libros sobre *Los 5 lenguajes del amor*).

CONSEJOS PARA CUIDADORES

Si eres un cuidador, hay muchas cosas que podríamos sugerirte para conservar tu salud y calidad de vida. Aquí tienes tres que consideramos particularmente importantes:

1. **Haz ejercicio.** El ejercicio mejora la salud de los vasos sanguíneos del cerebro, permitiendo un mejor suministro de nutrientes y oxígeno a las células cerebrales. En un estudio de investigación, los participantes que se ejercitaban regularmente en casa mostraron una «mejora significativa» en su sentido de la carga y en su bienestar físico. No se sentían tan cansados y dormían mejor. Los investigadores especularon que «el aumento de la actividad física… llevó a una mejora en el dormir, lo que a su vez mejoró los síntomas físicos y psicológicos».[28] Te recomendamos que procures estar físicamente activo durante al menos 150 minutos a la semana. Si tienes problemas de salud, habla con tu médico sobre el tipo de ejercicio que es mejor para ti.

28. Akemi Hirano, et al., «Influence of regular exercise on subjective sense of burden and physical symptoms in community-dwelling caregivers of dementia patients: A randomized controlled trial», *Arch Gerontol Geriatr* 53, no. 2, septiembre–octubre 2011), e158-63. doi: 10.1016/j.archger.2010.08.004. Epub 17 septiembre 2010.

2. **Duerme**. De seis a siete horas de sueño nocturno puede ayudar al cerebro a eliminar la proteína beta amiloide tóxica que lleva a la EA.[29] El sueño adecuado es absolutamente vital para los cuidadores. Si bien uno de los beneficios del ejercicio es que se duerme mejor, si la persona a quien cuidas se levanta a menudo durante la noche, incluso si haces ejercicio, tu sueño va a sufrir. Ese es un problema que debes resolverlo. ¿Tienes los recursos para contratar a un cuidador nocturno? Si no, ¿tienes un amigo del equipo de apoyo o miembro de la familia que, si se lo pides, estaría dispuesto a quedarse con la PCD cada día durante una hora o dos para que tú puedas tomar una siesta?

3. **Busca un consejero y toma un antidepresivo si es necesario.** Ed dice: «Incluso la tristeza crónica puede agotar las sustancias de la felicidad de tu cerebro. Este es el noveno año de nuestra experiencia con la enfermedad de Alzheimer. Tomo antidepresivos y me han sido muy útiles. También tengo un consejero con quien hablar». Si tu calidad de vida disminuye por la tristeza o la depresión crónicas, habla con tu médico acerca de recetarte un medicamento antidepresivo y darte la referencia de un profesional de salud mental para recibir apoyo psicológico. Busca también un grupo de apoyo para cuidadores de personas con la EA.

---

29. Massachusetts General Hospital, «How to Lower Risk for Beta-Amyloid Accumulation», *Mind, Mood & Memory* 11, no. 9, 2015, p. 4.

4

Cada día es el mejor día

«Mis ayeres están desapareciendo, y mis mañanas son inciertas. Así, pues, ¿para qué vivo yo? Vivo para cada día. Vivo en el momento».

—DE LA PELÍCULA *TODAVÍA ALICIA*

HAY UNA URGENCIA conmovedora en amar a alguien que padece la enfermedad de Alzheimer. Hay *urgencia* porque, como Juan dijo en el capítulo anterior: «Esta es una enfermedad progresiva y nada se pone mejor». Es por esto que Ed les dice a los cuidadores: «Cada día es el mejor día». Él sabe bien lo que está diciendo porque, con Alzheimer, ningún día en el futuro es probable que sea mejor que el día llamado *hoy*. Es importante, pues, aprovechar al máximo cada día. Por tanto, la urgencia es también *conmovedora*, agita las emociones.

Ed conoce personalmente esta urgencia conmovedora. «Siempre pensé que Rebecca y yo envejeceríamos juntos», dijo. «Pero cuando nos informaron de que padecía la enfermedad de Alzheimer, siendo médico, supe a dónde iba todo esto y sabía cuál era el tiempo con que contábamos. La esperanza de vida promedio es de 8 a 10 años, y de repente, te das cuenta de que 10 años no es un montón de tiempo. A medida que avanzamos en la experiencia, y cuanto más nos acercamos a lo que se supone que es el final del viaje, más consciente soy del tiempo y cómo lo uso, especialmente con ella. Lo que es importante ahora es que aprovechamos lo que tenemos —el uno al otro, nuestros hijos, nuestra familia, nuestros amigos y nuestra fe— y que hacemos con cada día todo lo mejor que podemos».

MIRAR EN RETROSPECTIVA

Los autores del libro *Cuando el día tiene 36 horas* escriben que «la demencia no termina repentinamente con la capacidad de una persona para experimentar amor».[1] Debido a que las personas con la EA mantienen la capacidad de experimentar el amor, incorporar los lenguajes del amor a su cuidado en cada etapa de la enfermedad puede ayudar a lograr que cada día sea para ellos «el mejor día». Esto no siempre es fácil, especialmente cuando el cuidador no está teniendo por sí mismo el «mejor día». Las duras realidades del cuidado de un cónyuge enfermo requieren que uno decida repetidamente amar. Es una decisión que se vuelve más difícil y por necesidad, más intencional a medida que cada *hoy* se desvanece en un ayer. A veces es útil hacer una pausa y recordar por qué se tomó esta decisión en primer lugar.

El doctor Alan Wolfelt dice que cuando una persona está afligida por la muerte de un ser querido, no debemos empujarla hacia adelante con la esperanza de que lo «supere» cuanto antes. Más bien, dice, debemos invitarla a dar una mirada en retrospectiva para recordar y honrar la vida de la persona que falleció.[2] Por razones similares, recordar lo que la PCD ha sido para ti en años pasados puede ayudarte a

---

1. Nancy L. Mace y Peter V. Rabins, *The 36-Hour Day: A Family Guide for People Who Have Alzheimer's Disease, Related Dementias, and Memory Loss,* Baltimore: The Johns Hopkins University Press, 2011, p. 384. Publicado en español por Editorial Pax con el título *Cuando el día tiene 36 horas.*

2. Alan D. Wolfelt, «Exploring Complicated Mourning: Sudden Death and Trauma Loss», Seminario presentado en Hospice of Davidson County, Lexington, NC, 21 octubre 2015.

decidir amarlo a él o ella en el futuro cuando el camino puede ser más duro que ahora. ¿Cómo lo conociste? ¿Qué era lo que más te gustaba de él o ella? Celebra a esta persona y lo que él o ella ha significado para tu vida, recordando su historia, sus logros y su personalidad única. Si te sientes inclinado a ello, pon estos pensamientos por escrito de modo que puedas releerlos en los «días que no son tan buenos» en el futuro. Este es un ejercicio importante porque *quien la persona ha sido* se está desvaneciendo; quien él o ella llegará a ser ahora quedará definido por la enfermedad.

La doctora Julie Williams dice que a medida que la demencia altera la personalidad, los comportamientos y los atributos de un ser querido, las familias «tienen que saltar a través de unos aros emocionales a medida que se adaptan a expresar el amor a *una nueva persona*, una que no podrá corresponder a ese amor como ya lo hiciera una vez». Ed está de acuerdo, señalando que cuanto más fuerte ha sido un matrimonio o una familia antes de la enfermedad, tantos más recuerdos positivos hay para aprovechar cuando el amor se convierte en una decisión consciente cada día. La demencia complica cada problema relacional, por lo que las familias y los matrimonios que ya estaban luchando antes de que la enfermedad los afectara pueden tener ahora más dificultades para hacer frente a las situaciones. Debido a que el ser querido no va a ser la misma persona que conocieron en el pasado, el doctor Williams propone que los miembros de la familia se preparen para la probabilidad de que «se lleguen a sentir de manera diferente» sobre él o ella.

Las personas en la primera etapa de su experiencia con la demencia pueden notar a menudo que sus cónyuges «se sienten de manera diferente». Timoteo mostró un poco de humor irónico.

—Tú no te inscribiste para esto, ¿verdad? — le preguntó retóricamente a su esposa.

—Yo sé que es difícil para ti. Lo siento —le respondió Laura a su esposo.

Las personas recién diagnosticadas son también a menudo sensibles a los cambios en la forma en que sus cónyuges las tratan a causa de la enfermedad. Un grupo de personas casadas diagnosticadas con demencia temprana compartió con nosotros sus sentimientos acerca de cómo la enfermedad había cambiado la relación con su cónyuge:

- Jaime: preocupado por la salud de su esposa, se pregunta: «¿Podrá ella cuidar de mí en el futuro?».

- Gisela: siente que su condición no «es tan mala», y se siente ofendida cuando su esposo dice que es el «cuidador de ella».

- Eva: está triste porque su marido tiene que renunciar debido a su enfermedad, y se siente culpable por la forma en que su vida está limitando la de él.

- Carlos: se siente herido por la actitud condescendiente de su esposa.

- Andrés: «esperando para ver qué es lo siguiente que me van a quitar».

- Josefina: molesta porque no es vista como alguien que puede hacer cosas.

El consenso del grupo era que sus cónyuges se sentían frustrados con ellos, y ellos estaban genuinamente preocupados por esto. La palabra *conmovedora* viene a la mente una vez más: los que padecen demencia son impotentes para cambiar el curso de su enfermedad e incapaces de aliviar la frustración que provocan a los seres queridos de los que tienen que depender.

CUANDO EL AMOR SE CONVIERTE EN UN OBJETIVO EN MOVIMIENTO

Hacer que cada día sea el mejor día es un reto, y no solo por los problemas ya mencionados y la carga del cuidador descrita en el capítulo anterior. También es un reto por una razón que tiene que ver sobre todo con las personas con la EA: los lenguajes del amor que son más significativos para la persona que padece de Alzheimer cambian a medida que la enfermedad avanza.

Katrina, cuyo padre tiene la EA, explica: «Anteriormente, cuando papá y yo nos veíamos, siempre nos abrazábamos y nos poníamos el brazo sobre el hombro. Ahora tenemos que cambiar la manera en que mostramos afecto a una que él pueda entender. Otra forma en que solíamos mostrarnos afecto era gastarnos bromas el uno al otro. Todavía trato de bromear con él, pero ahora no lo entiende, así que esa ya no es la manera. Tengo que averiguar cómo puedo mostrarle ahora mi amor de una manera diferente».

Un cambio en el lenguaje del amor también fue evidente en el matrimonio de Miguel y Alicia, mencionado en el capítulo 2. Su matrimonio comenzó a destejerse cuando a Alicia la diagnosticaron un deterioro cognitivo leve. Cuando fueron a ver a Ed, él dice: «Habían dejado de tomarse de la mano. Habían dejado de acariciarse. Llevaban varios años sin intimidad física». Durante este período de alejamiento físico, cambió el lenguaje del amor de Alicia.

Tal como suele ser el caso, cuando Miguel y Alicia se casaron, tenían diferentes lenguajes del amor. En los primeros años de su matrimonio, el *Contacto físico* había sido muy importante para Miguel, pero no era importante en absoluto para Alicia, cuyo lenguaje del amor era *Actos de servicio*. Antes del diagnóstico de Alicia, Miguel había expresado naturalmente su amor por ella, tomándola de las manos, dándole abrazos y haciendo el amor con ella. Cuando a Alicia la diagnosticaron con deterioro cognitivo leve, Miguel comenzó a alejarse de ella. Con el paso del tiempo, irónicamente, ellos cambiaron de manera literal de lugar en términos de su necesidad de afecto físico. A medida que la enfermedad progresó, ella se sentía angustiada por la ausencia de afecto físico en su matrimonio. Ahora necesitaba experimentar el amor de él de una manera que no había sido importante para ella en el pasado. En consejería, Ed les habló acerca de los lenguajes del amor y les asignó tareas para reconstruir su conexión emocional mediante el *Contacto físico* y el *Tiempo de calidad*.

POR QUÉ CAMBIAN LOS LENGUAJES DEL AMOR

El lenguaje del amor primario de una persona cognitivamente sana no cambia. Si las *Palabras de afirmación* hacen que una persona se sienta amada cuando tiene 20 años, todavía será así cuando tenga 90 años. Sin embargo, cuando la EA se presenta, la habilidad de una persona para percibir el amor se convierte en algo como un objetivo en movimiento. La razón es que un lenguaje del amor en particular solo puede ser significativo para una persona si la región del cerebro donde resuena no ha quedado dañada o destruida por la enfermedad. A medida que el cerebro se deteriora, un lenguaje del amor que solía ser relativamente poco importante para una persona puede llegar a ser más importante con la progresión de la enfermedad, como en el caso de Alicia. En otras palabras, la percepción de una persona de ser amada puede cambiar a medida que el propio cerebro cambia.

El cerebro adulto tiene alrededor de 100 mil millones de neuronas. En un cerebro sano, las neuronas pueden vivir 100 años o más. En un cerebro afectado por la EA, las neuronas se inflaman y mueren progresivamente. Con la excepción de unas pocas regiones del cerebro, estas células muertas no son reemplazadas, lo que resulta con el tiempo en muchos tipos de problemas cognitivos. Cada aspecto de la vida de una persona y las relaciones con los demás quedan al final afectados, incluso la capacidad de dar y recibir amor mediante los cinco lenguajes de amor.

EL AMOR Y LOS LÓBULOS

Las primeras neuronas que son afectadas por la EA se hallan en los lóbulos temporales del cerebro en el hipocampo. El hipocampo es una estructura en forma de caballito de mar que es esencial para la memoria; (el nombre *hipocampo* proviene de las palabras griegas, *hippos* que significa «caballo» y *kampos* que significa «monstruo marino»). La pérdida de memoria a corto plazo, que es el síntoma distintivo del Alzheimer, se debe a la pérdida de las neuronas del hipocampo. Desde los lóbulos temporales, la EA progresa lentamente, invadiendo también los lóbulos frontal y parietal. Los lóbulos occipitales, que controlan la visión, no suelen ser directamente afectados por la EA. No todo el mundo experimenta disminuciones cognitivas de la misma manera o al mismo ritmo. Otros tipos de demencia tienen síntomas diferentes y pueden progresar más rápida o lentamente que la EA.

Si bien cada lóbulo del cerebro «está especializado» en cosas diferentes, como nuestra amiga y colega, la neurocientífica doctora Christina Hugenschmidt, señala: «Ninguna área del cerebro trabaja aisladamente. Cada área está siempre conectada con otras partes del cerebro, por lo que una teoría es que la enfermedad de Alzheimer puede extenderse en forma de red».

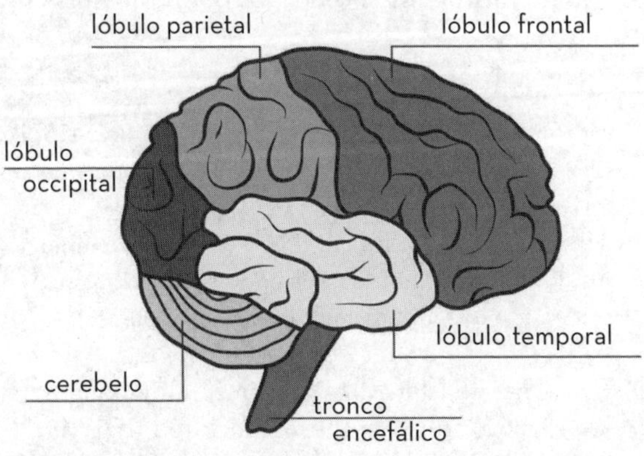

Un breve vistazo a las funciones clave de cada lóbulo nos ayuda a ver por qué los lenguajes del amor son afectados por la enfermedad de Alzheimer.[3,4,5,6] (Para más información, ver «Lóbulos del cerebro» en el Apéndice B).

Lóbulos frontales: El centro de gestión (administración)

Los lóbulos frontales gobiernan la función ejecutiva (la capacidad de prestar atención, concentrarnos, continuar con la tarea, planificar, resolver problemas y realizar múltiples tareas). Estos lóbulos también están involucrados en la expresión verbal, el movimiento físico y la capacidad de gobernar el comportamiento, incluso la inhibición de palabras y acciones socialmente inapropiadas. Albergan las neuronas espejo, que nos permiten empatizar con los demás y entender sus puntos de vista.

Lóbulos temporales: El centro de la memoria y de la emoción

Cada uno de los lóbulos temporales alberga un hipocampo y una amígdala. El hipocampo ayuda a formar y guardar nuevos recuerdos, permitiéndonos así aprender. También son importantes en la recuperación de recuerdos a largo plazo. Las amígdalas gobiernan la emoción, incluso la integración emocional, el aprendizaje emocional y la memoria emocional, los componentes emocionales

---

3. Alzheimer's Society, «Dementia and the Brain», Factsheet 456LP, consultado en septiembre 2014, https://www.alzheimers.org.uk/site/scripts/documents_info.php?documentID=114.

4. Juebin Huang, «Brain Dysfunction by Location», Neurologic Disorders, Merck Manuals Professional Edition, http://www.merckmanuals.com/home/brain,-spinal-cord,-and-nerve-disorders/brain-dysfunction/brain-dysfunction-by-location.

5. J. Riley McCarten, «Clinical evaluation of early cognitive symptoms», *Clin Geriatr Med* 29, no. 4, 2013, pp. 791-807. doi: 10.1016/j.cger.2013.07.005.

6. Eric H. Chudler, «Lobes of the Brain», Neuroscience for Kids, https://faculty.washington.edu/chudler/lobe.html.

de los recuerdos archivados. También nos ayudan con el reconocimiento facial.[7]

Lóbulos parietales: Nuestro navegador interno

Los lóbulos parietales interpretan la información de nuestros cinco sentidos y nos ayudan en el reconocimiento de objetos y rostros familiares. Estos lóbulos nos permiten orientarnos en el espacio tridimensional, incluso en diferenciar entre derecha e izquierda. Junto con los lóbulos temporales, los parietales nos capacitan para las habilidades matemáticas y la comprensión del lenguaje.

Lóbulos dañados y los lenguajes del amor

A medida que la EA daña los lóbulos frontal, temporal y parietal, va afectando cada vez más la capacidad de expresar los cinco lenguajes de amor. El daño en el lóbulo frontal, en particular, puede hacer que una persona se comporte de una manera *desamorosa*. El daño del lóbulo frontal deteriora…

- la *empatía*, la capacidad de percibir y preocuparse por las necesidades y sentimientos de los demás.
- el *planear y tomar iniciativas*, necesario para dar regalos y hacer actos de servicio.
- la *expresión del lenguaje*, lo que afecta la capacidad de decir palabras de afirmación.
- la *motivación* para expresar amor.

---

7. Cedars-Sinai Medical Center, «Neurons in Brain's "Face Recognition Center" Respond Differently in Patients with Autism», comunicado de prensa, 20 noviembre 2013, http://cedars-sinai.edu/About-Us/News/News-Releases-2013/Neurons-inBrains-Face-Recognition-Center-Respond-Differently-in-Patients-WithAutism.aspx.

- el *control de los impulsos*, haciéndonos propensos a discutir, jurar o hacer cosas que son socialmente inapropiadas (llamado «desinhibición»)

- la *comprensión*, la capacidad de entender que ciertos comportamientos y comentarios son inapropiados, vergonzosos o dañinos para otros.

La expresión de los lenguajes del amor también se ve afectada por el daño a los lóbulos temporal y parietal. El daño del lóbulo temporal perjudica muchas funciones, incluso la memoria, la comprensión del habla, el reconocimiento de rostros, objetos y lugares, y la expresión de emociones.

Las funciones afectadas por el daño causado al lóbulo parietal incluyen el sentido del tacto, el sentido de orientación espacial (el navegador interno), reconocer o nombrar lo que se ve, y la comprensión de lo que otros dicen.

A medida que el daño en el lóbulo temporal y parietal es más severo, una PCD encuentra cada vez más difícil participar en tiempo de calidad, recibir palabras de afirmación, reconocer a miembros de la familia y amigos que le son familiares, o sentirse cómodo experimentando contacto físico íntimo. En la etapa avanzada de la EA, cuando el daño cerebral se ha extendido, la capacidad de *expresar* amor a los demás se pierde en su mayoría y la capacidad de *recibir* amor mediante los cinco lenguajes del amor se convierte en «un objetivo en movimiento».

LA COMUNICACIÓN DEL AMOR A PERSONAS CON LA EA

Nos encanta esta cita del libro *Cuando el día tiene 36 horas* porque expresa muy bien el mensaje clave de nuestro libro: «Afortunadamente, el amor no depende de las capacidades intelectuales. Concéntrate en las formas en que tú y otros aún comparten expresiones de afecto con la persona que padece demencia».[8] Estamos de acuerdo, creemos que en cada paso de la experiencia el enfoque no debe ser en lo que la persona con la EA *ha perdido*, sino en lo que a él o ella todavía *les queda*. Entonces la misión se convierte en: *dada la cognición que queda, ¿cómo podemos comunicar mejor el amor a esta persona?* Es muy importante recordar que solo porque los individuos ya no puedan expresar el amor a los demás, no significa que son incapaces de experimentar emocionalmente el amor que los demás les expresan a ellos.

La comprensión de qué capacidades ha perdido ya el individuo nos ayuda a enfocarnos debidamente en las capacidades que todavía le quedan. Hemos examinado la disminución de la cognición en términos de la función del lóbulo cerebral. Vamos ahora a mirarlo de nuevo en el marco de las etapas de la EA.

LAS ETAPAS DEL DETERIORO COGNITIVO

A lo largo de la enfermedad, las placas amiloides y los ovillos tau se acumulan en el cerebro, las neuronas mueren y el cerebro se encoge, dejando a una persona cada vez más deteriorada. Los cambios ocurren a medida que la EA progresa de leve a moderada y a grave.

La enfermedad de Alzheimer leve

En la EA leve (etapa inicial), aunque la muerte de las neuronas ya está sucediendo, la persona aún conserva la mayoría de sus funciones. La fase inicial de la EA por lo general dura de 2 a 4 años y se caracteriza por la pérdida progresiva de la memoria a corto plazo. La espontaneidad disminuye debido a la apatía, y el interés en pasar tiempo con la familia y los amigos puede disminuir. La EA leve

8. Mace y Rabins, *The 36-Hour Day*, p. 385.

también se caracteriza por cambios en la personalidad, deterioro del juicio, mala toma de decisiones y mayor dificultad para realizar tareas que requieren múltiples pasos, como cocinar o administrar dinero. La función ejecutiva se ve afectada. La función ejecutiva es necesaria para llevar a cabo las relativamente complejas «actividades básicas de la vida diaria» (ABVD), como son:

- Usar el teléfono
- Manejar el auto
- Hacer compras
- Preparar las comidas
- Cuidar de la casa y lavar la ropa
- Tomar medicinas
- Administrar el dinero

En la etapa inicial de la EA, la persona es capaz de llevar a cabo estas tareas sin ayuda. A medida que pasa el tiempo, todavía pueden realizarlas con alguna ayuda. Llega el momento en que la cognición disminuye tanto que la persona es incapaz de hacer esas tareas en absoluto. Cuando un individuo es incapaz de realizar las ABVD, ha pasado a la etapa media de la enfermedad y ya no puede vivir independiente.

La enfermedad de Alzheimer (etapa media) moderada

En la etapa media de la EA, cuidar del paciente pasa a ser la función más estresante *del cuidado*. A medida que el cerebro queda más afectado, los problemas de comportamiento y las dificultades del lenguaje aumentan y son más perceptibles para los demás. La pérdida de memoria continúa, el lapso de atención es más corto y la capacidad de pensar lógicamente se desvanece. La repetición, el extraviarse, el delirio, la desinhibición y el síndrome vespertino ocurren a menudo en esta fase más larga de la enfermedad, que puede durar de 2 a 10 años.

A lo largo de la etapa moderada de la EA, la persona tiene cada vez más dificultad para cuidar y mover su propio cuerpo. Termina que se vuelve incapaz de llevar a cabo las principales «actividades de la vida diaria» (AVD), que son menos complejas que las perdidas en la primera etapa de la EA. Las AVD son las actividades básicas de cuidarse a sí mismo que permiten a una persona levantarse por la mañana, moverse durante el día y prepararse para ir a la cama por la noche. Generalmente se considera que son:

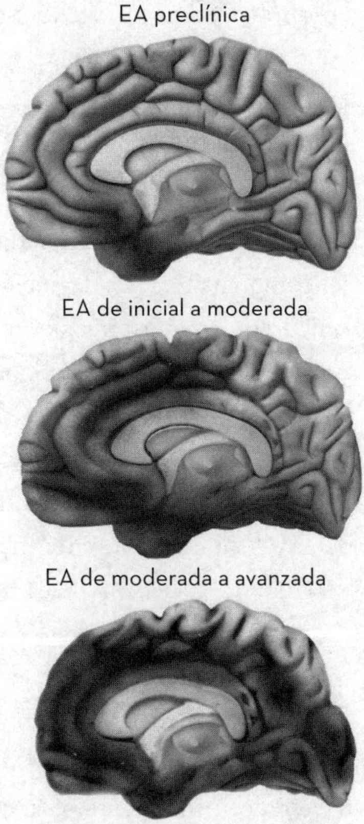

Dibujos por cortesía del Instituto Nacional de Envejecimiento e Instituto Nacional de la Salud.

- Bañarse o ducharse
- Vestirse
- Comer
- Limpiarse los dientes
- Aseo (control e higiene de orinar y defecar)
- Moverse (pasar de caminar a sentarse; de estar sentado a acostarse)

La investigación muestra que proporcionar experiencias emocionales positivas para los que están en esta etapa intermedia puede ayudar a aliviar la angustia y disminuir los problemas de conducta. Además, consuela saber que la pérdida de conocimiento sobre lo que les está sucediendo le ahorra a la persona con demencia algo de la angustia emocional que de otra manera podría experimentar por causa de sus pérdidas.

La enfermedad de Alzheimer avanzada

Cuando la EA le roba a la persona la capacidad de realizar sus AVD, la enfermedad ha pasado a la condición severa, a la fase avanzada y final. En esta etapa, la persona pierde la capacidad de responder a su entorno. Se vuelve incapaz de mantener una conversación, aunque todavía puede decir algunas palabras y frases que pueden no ser comprensibles. La deglución se vuelve difícil y puede conducir a la neumonía por aspiración, un tipo de infección que puede ocurrir si algo de alimento o líquido es inhalado y pasa a los pulmones. Se vuelve incapaz de sonreír o de atender a sus propias necesidades corporales. Pierde la capacidad de caminar o incluso de sentarse en posición vertical en una silla, por lo que depende totalmente de los demás. Esta fase de la enfermedad suele durar de uno a tres años.

Cuando la persona llega a la etapa final de la EA, puesto que ya no responde (no puede), parece razonable concluir que es inútil seguir acercándose a ella con los lenguajes del amor. Entendemos esta opinión, pero no la compartimos. Una razón por la que no lo hacemos es a causa de los informes sobre personas que han salido de un estado inconsciente o de coma, otras condiciones que impiden que la gente responda. Te invitamos a reflexionar sobre estos extractos de artículos publicados:

Tomado de la revista *Nursing Times*:

> «Lawrence (1995) encontró que los pacientes inconscientes podían oír y responder emocionalmente a la comunicación verbal. Una paciente, al ser evaluada neurológicamente, entendió la petición de la enfermera de apretar su mano, pero no pudo moverse. Otro dijo: "Podía pensar y podía oír, pero no podía moverme y no podía hablar ni abrir los ojos"».[9]

---

9. Karen Leigh, «Communicating with Unconscious Patients», *Nursing Times* 97, no. 48, 2001. p. 35.

Tomado del periódico *The Telegraph* del Reino Unido:

> Geoffrey Lean escribió: «Bloqueado en un coma después de una operación que salió mal, escuché al personal médico hablar sobre mi caso, sin poder participar. Escuché a mi esposa que me hablaba, pero no pude responder… También podía sentir la mano de mi querida esposa sobre la mía, nuestros dedos entrelazados. Sabía que era ella —aunque realmente no entendía lo que estaba haciendo allí— y me proporcionó una inmensa tranquilidad».[10]

La experta en Alzheimer, Joanne Koenig Coste, ha escrito: «Aunque suceden muchas pérdidas con esta enfermedad, asumamos que el paciente todavía puede percibir sentimientos que importan».[11] Es poco común que incluso una persona con la EA avanzada llegue a un punto en el que esté emocionalmente insensible. Creemos que las expresiones de amor continúan resonando en algún nivel emocional profundo mientras que una persona esté viva.

POR QUÉ ES IMPORTANTE HABLAR LOS LENGUAJES DEL AMOR A LO LARGO DE LA EXPERIENCIA CON LA ENFERMEDAD DE ALZHEIMER

En un estudio de investigación de la Universidad de Iowa,[12] dos grupos de personas vieron una serie de cortometrajes de 20 minutos.

---

10. Geoffrey Lean, «"Locked in a coma, I could hear people talking around me"», *The Telegraph,* 24 noviembre 2009, http://www.telegraph.co.uk/news/health/6638155/Locked-in-a-coma-I-could-hear-people-talking-around-me.html.

11. Joanne Koenig Coste, *Learning to Speak Alzheimer's: A Groundbreaking Approach for Everyone Dealing with the Disease,* (Nueva York: Mariner Books, 2004), p. 7.

12. John Riehl, «Alzheimer's patients can still feel the emotion long after the memories have vanished», IowaNow, 24 septiembre 2014, http://now.uiowa.edu/2014/09/alzheimers-patients-can-still-feel-emotion-long-after-memorieshave-vanished.

Un grupo tenía la EA; el otro grupo era cognitivamente normal. Las primeras escenas de película hacían que todas estuvieran tristes y llorosas. El segundo grupo de escenas las hizo reír y sentirse felices. Después de terminar de pasar los cortometrajes, hicieron una prueba con los participantes para ver lo que recordaban de lo que acababan de ver. Como era de esperar, el grupo con la EA recordaba menos que el otro. Una persona con la EA ni siquiera recordó ver las escenas. Pero 30 minutos más tarde, todos en el grupo de la EA todavía se sentían tristes o felices. Lo más significativo es que las personas que menos recordaban las escenas sentían las emociones más fuertes.

El investigador dijo a la publicación *IowaNow* de la universidad: «Esto nos confirma que la vida emocional de un paciente con Alzheimer está viva y bien».

Los investigadores publicaron los resultados en la revista *Cognitive and Behavioral Neurology* y afirmaron: «El hecho de que los sentimientos de estos pacientes puedan persistir, incluso en ausencia de memoria, pone de manifiesto la necesidad de evitar causar sentimientos negativos y tratar de inducir sentimientos positivos con visitas frecuentes e interacciones sociales, ejercicio, música, baile, chistes y servir a los pacientes sus comidas favoritas. Por tanto, nuestros hallazgos deberían capacitar a los cuidadores mostrándoles que sus acciones hacia los pacientes realmente importan y pueden influir bastante en la calidad de vida y el bienestar subjetivo del paciente».[13]

El escritor de *IowaNow* vio en este estudio «un mensaje ineludible: los cuidadores tienen una influencia profunda —buena o mala— en el estado emocional de los individuos con la enfermedad de Alzheimer». Estamos de acuerdo y sentimos que este estudio subraya el inmenso valor de rodear a los pacientes con megadosis

13. Edmarie Guzma et al., «Feelings Without Memory in Alzheimer Disease», *Cogn Behav Neurol* 27, 2014, pp. 117-129.

positivas y agradables de amor, expresado en tantas formas como sea posible.

En su prólogo al libro *Cuando el día tiene 36 horas*, el doctor Paul R. McHugh escribió que la demencia, «como muchos otros aspectos de la vida, puede seguir un camino mejor o peor dependiendo de los contextos y circunstancias forjados por las mediaciones de la familia y amigos».[14] Si eres un cuidador, un miembro de la familia o un amigo, el efecto de tus expresiones intencionales de amor a una PCD no puede ser exagerado. Tus gestos amorosos pueden infundir alegría en esa difícil y solitaria experiencia.

CUANDO EL AMOR SE CONVIERTE EN UNA CALLE DE UNA SOLA DIRECCIÓN

Todas las relaciones de amor están sostenidas por los recuerdos. «La memoria es el componente situacional más grande del amor», explica Ed. El «sentimiento» del amor viene de los recuerdos que le hemos unido, y esta vinculación se produce a través de la conexión hipocampo-amígdala en el lóbulo temporal. A medida que la memoria de un cónyuge se va desvaneciendo, toda la historia de la relación al final solo existirá en la memoria de la persona sana, y solo él o ella será capaz de invocar estos recuerdos para impulsar la relación en el futuro. Todas las personas con la EA no solo pierden la capacidad de crear nuevos recuerdos con su ser querido, sino que también pierden los recuerdos que edificaron la relación desde el principio. Cuando esto sucede, la persona no afectada tiene la tarea de sostener el amor de la pareja durante el resto del camino.

En *Los 5 lenguajes del amor*, la descripción de Gary del amor genuino está siempre ligada a la palabra *elección*: el amor «es la *decisión* de dedicar energía en un esfuerzo por beneficiar a la otra persona»;

14. Paul R. McHugh, prólogo de *The 36-Hour Day*, p. xviii.

el amor «crece a partir de la razón y de esa *decisión*», «el amor es siempre una *elección*».[15] Elegir amar a una persona con la EA es una decisión extraordinariamente desinteresada. Es la elección de amar a alguien que es —o llegará a ser— incapaz de reciprocar tu amor, alguien que no puede corresponder a tu amor.

Ed dice: «En una relación, tú quieres que sea un 50-50. Cuando nos llegó el diagnóstico de Rebecca, supe que nunca volvería a ser un 50-50. Ahora es como 99-1. He sido muy intencional acerca de permanecer cerca, a pesar de que esta enfermedad se interpone más y más en el camino. No siento como si mi depósito de amor emocional estuviera lleno, pero sé que hemos mantenido la mejor relación posible, dadas las circunstancias. Al expresar amor a alguien con la enfermedad de Alzheimer en la etapa media o avanzada, debes tomar la decisión de amar sin tener la expectativa de ser amado a cambio. Puede que no haya un gesto de agradecimiento, un abrazo o un beso que reconozca tu acto amoroso. Tu ser querido puede incluso rechazar a veces tu intento de mostrarle amor».

El doctor Williams anima a la gente a recordar que «solo porque no veas una luz en los ojos de tu ser querido cuando sostienes su mano, eso no significa que no está conectando. No quiere decir que no te quiera». Ed está de acuerdo, reconociendo la inmensa dificultad del amor como una calle de un solo sentido. Él afirma: «Puede que tengas que recordarte a diario que tu ser querido es capaz de recibir amor». También es

Puede que tengas que recordarte a diario que tu ser querido es capaz de recibir amor.

15. Gary Chapman, *The 5 Love Languages*® (Chicago: Northfield Publishing, 2015), pp. 31, 44.

importante celebrar cualquier pequeña medida en que el ser querido te exprese amor de nuevo. Y destaca que «tu expectativa de recibir amor tienes que marcarla muy abajo».

Juan dice: «Una noche, Daniela me besó en el hombro. Puede que no consigas otra palabra, otra mirada o algo, pero en ese momento, recibí la confirmación de que ella todavía me ama. Esos son los momentos que me ayudan a seguir adelante». A veces el marido de Sara todavía dice: «Te quiero». Ella afirma que, aunque «él no recuerda nuestra boda», esas palabras «significan ahora mucho para mí, probablemente más que antes».

LA COMUNICACIÓN DEL AMOR A MEDIDA QUE SE DESVANECEN LOS RECUERDOS Y LA COGNICIÓN

Los cinco lenguajes del amor pueden utilizarse para mejorar cualquier relación, incluso la que tenemos con la persona cuya cognición está disminuyendo y su memoria está fallando. Impulsado con amabilidad y creatividad, los lenguajes del amor también pueden mejorar la calidad de vida de las personas con la EA. El doctor Hugenschmidt afirma que es importante recordar que incluso si el lenguaje del amor primario de una PCD sigue siendo el mismo, «el método en el que les gusta recibir ese lenguaje podría ser alterado».

También es importante recordar que cualquier sentimiento positivo generado persistirá más tiempo que el recuerdo de la bondad que se realizó. La doctora Maya Angelou destaca que «la gente olvidará lo que dijiste, olvidará lo que hiciste, pero nunca olvidará cómo los hiciste sentir».

Con estos dos pensamientos como contexto, vamos a explorar algunas maneras de usar los cinco lenguajes del amor para mantener vivo el amor a lo largo de la experiencia con la enfermedad de Alzheimer.

PALABRAS DE AFIRMACIÓN

La capacidad de entender el lenguaje se conserva generalmente hasta la etapa avanzada de la EA. Durante la mayor parte de la experiencia, el doctor Williams declara: «Creo que tenemos que asumir que una persona puede recibir y entender las *Palabras de afirmación*».

Consideraciones especiales

Cuando te comunicas con cualquier PCD, es importante ser respetuoso. El doctor Williams explica: «Siempre me dirijo a los pacientes como si fueran capaces de contestar todas mis preguntas. Si tropiezan, los ayudo amablemente o le pido a un cuidador o familiar que ayude con esas respuestas». No todo el mundo es tan sensible a los sentimientos de los pacientes. El doctor Williams ha observado que algunas personas parecen pensar que «cuanto más hacen una pregunta, tanto más probable es que la persona va a llegar a la respuesta… Lo que no se percatan es que es degradante. Esta es una oportunidad para educar a las familias sobre estrategias eficaces de comunicación».

***

Como hemos visto, las personas con la EA pueden experimentar pensamientos delirantes. Cuando eso sucede, pueden malinterpretar la comunicación verbal. El doctor Hugenschmidt señala: «Las *Palabras de afirmación* es un lenguaje del amor que definitivamente veo que puede ser percibido de manera diferente a medida que la persona avanza en la enfermedad. Parece que realmente cambia durante el curso de la enfermedad debido a la ansiedad y sospecha que pueden ir junto con el deterioro del cerebro. Cuando esto sucede, las *Palabras de afirmación* pueden ser percibidas como falsas o condescendientes, incluso amenazadoras».

LENGUAJE DEL AMOR *Palabras de afirmación*	
Consideraciones afectuosas	**Lo que *no debes* hacer**
EA EN LA ETAPA INICIAL: Centrarse en los sentimientos de la PCD más bien que en los hechos. Decir «nosotros» en vez de «él» o «ella» mejora la relación («Hemos tenido un retroceso» o «Hemos tenido un buen día»). Hablar de forma calmada, clara y amable. **EA EN ETAPA MEDIA A AVANZADA:** Abordar el miedo y el síndrome vespertino con reafirmaciones verbales: «Te amo. Estás protegido. Todo irá bien». Las cartas y las tarjetas ya no son significativas cuando la PCD pierde la capacidad de leer. Incluso cuando la PCD tiene dificultad para entender el lenguaje, todavía responde al tono afectuoso de la voz del que le habla.	No hagas con la PCD ejercicios para recordar. (¡Eso no ayuda!). Cuando otros están presentes, no hables sobre la PCD en tercera persona (él, ella). Reconoce su presencia e inclúyelo en la conversación, aun si no puede contribuir verbalmente. Cuando la PCD está presente, no les cuentes a otros lo que esa persona ya no puede hacer; evita las palabras *no puede* («ya no puede hacer eso»). No hables con la PCD de una manera condescendiente como si él o ella fuera un niño («¡Tú ya tomaste toda tu comida hoy!»). No discutas sobre sus percepciones de la realidad. En lugar de contradecirle o corregirle, valida sus sentimientos y dirige la conversación en otra dirección. No levantes la voz ni hables bruscamente. Eso puede crear angustia.

CONTACTO FÍSICO

El *Contacto físico* proporciona una manera excelente de confortar y tranquilizar a una PCD. Sin embargo, como señala el doctor Hugenschmidt y lo ilustra la historia de Ed en el capítulo 1: «El contacto que la PCD quiere de ti va a cambiar a medida que su percepción de quién eres cambia». El contacto puede ser expresivo o instrumental. El contacto expresivo consiste en abrazos, tomarse de la mano, acariciar el cabello y otros gestos de afecto. El contacto instrumental está orientado a la tarea, como ocurre con las AVD («actividades de la vida diaria») de bañarse, cambiar pañales o ir al baño.

Consideraciones especiales

Cuando se proporciona cuidado personal, que a menudo es la primera necesidad alrededor de la etapa media de la enfermedad, es importante hacerlo de una manera que preserve la dignidad de la persona. Ed se convenció de la importancia de esto cuando Adela, cuya madre tiene la EA en la etapa avanzada, vino a una visita de consejería.

«Cada vez que voy a visitar a mi madre en el hogar de ancianos, ella me golpea», se lamentó Adela. «A veces me harta de verdad».

Buscando entender, Ed le hizo a Adela algunas preguntas: ¿Cuál era el contexto para el comportamiento negativo de su madre? ¿Qué parecía causarlo?

Adela explicó que visitaba a su mamá casi todos los días. Lo primero que hacía cuando llegaba era cambiar el pañal de su mamá. Su madre siempre respondía golpeando a Adela. Esto hacía que Adela se sintiera enojada y frustrada porque estaba tratando de ser una hija buena y cariñosa, tal como su madre lo había sido con ella. Como resultado de esta pelea diaria entre madre e hija, las dos pasaban su tiempo juntas enojadas e interactuando mal.

Ed le dio dos sugerencias a Adela. La primera, que delegara por completo el cambio de pañales al personal del hogar de ancianos. La segunda, que en la siguiente visita le llevara una caja de chocolates a su mamá. Adela pensó que merecía la pena intentarlo.

Ed recuerda con satisfacción: «Este nuevo enfoque cambió completamente su relación. Se volvió positiva. Ellas fueron capaces de relacionarse de manera diferente y la madre fue incluso capaz de decir unas palabras a Adela cuando su interacción ya no era negativa».

Aunque la madre de Adela no podía caminar y rara vez hablaba, sentía que su modestia y dignidad eran violadas cuando su hija, cuyos pañales ella había cambiado de niña, ahora estaba cambiando los suyos. Con el nuevo enfoque de Adela, su madre fue capaz de recibir el amor de su hija por medio de sus palabras de afirmación, su regalo de chocolates y su tiempo de calidad juntas.

***

Cuando la EA afecta el lóbulo parietal, demasiada entrada sensorial puede ser inquietante para una persona con demencia. Ed explica: «Con Rebecca, la mayor parte del contacto que ocurre es por la noche cuando se acuesta y se acurruca bajo las sábanas. Ella está acostada sobre su almohada y creo que se siente segura cuando está acurrucada en la cama. Las luces están semiapagadas y es un momento en que ella es receptiva a algunos abrazos suaves o besos. Pero si entro a la casa de sopetón después del trabajo y exclamo: "¡Hola! ¿Cómo te va?". Y me acerco a ella por detrás y trato de darle un beso, eso la desagrada mucho y físicamente se alejará y dirá: "¡No, no!". Pero si me siento delante de ella y me aseguro de que me ve y me oye, puedo abrazarla suavemente y ofrecerle un beso, o dos o tres, y suele sonreír o reír mientras recibe mi afecto».

***

En la etapa avanzada de la EA, las personas experimentan principalmente la vida por medio de sus cinco sentidos. «El contacto puede... ser la única manera en que un paciente con demencia pueda identificar que está recibiendo cuidado y reconocimiento de otros, lo que puede mejorar su autoestima y sentido de bienestar», según los autores de un artículo en *Maturitas* del 2014 sobre los sentidos y la demencia.[16]

16. Sophie Behrman et al., «Considering the senses in the diagnosis and management of dementia», *Maturitas* 77, no. 4, 2014, pp. 305-310.

LENGUAJE DEL AMOR *Contacto físico*	
Consideraciones afectuosas	**Lo que *no debes* hacer**
EA EN LA ETAPA INICIAL: La intimidad física le dice a la PCD a un nivel emocional: «No estás solo». Sé respetuoso con las preferencias culturales sobre el contacto físico, el visual y el espacio personal. **EA EN ETAPA MEDIA A AVANZADA:** Recibir muchos abrazos en una reunión familiar puede ser demasiado estimulante, haciendo que la PCD se retire o se agite (por lo que la visita individual puede funcionar mejor que las visitas en grupo). La combinación del contacto con otras estimulaciones, como la música, también puede crear una sobrecarga sensorial. Al final de la vida, un toque suave, como acariciar la mejilla del ser amado, transmite amor.	Para proteger la dignidad y la modestia de la PCD, si es posible, no involucres a los miembros de la familia en llevarla al baño, cambiarle el pañal y bañarla. En su lugar, haz que sean los cuidadores pagados o voluntarios del mismo sexo los que realicen ese cuidado tan personal. No olvides evaluar el dolor. Si una PCD está experimentando dolor que no puede describir, como dolor de espalda o dolor de cabeza, su respuesta al contacto de otra persona puede cambiar.

MOMENTOS DE CALIDAD (TIEMPO DE CALIDAD)

En la etapa media y avanzada de la EA, es útil pensar en términos de crear un *momento de calidad* en vez de compartir *tiempo de calidad*. Esa reformulación es más precisa porque la vida se experimenta cada vez más en *momentos* que duran solo brevemente, luego se evaporan como una niebla. No hay recuerdo del pasado y ninguna anticipación del futuro; solo existe el momento presente. En cuanto al tiempo, una conexión de calidad puede ocurrir en un momento, mientras que el tiempo de calidad se lleva a cabo en un lapso de minutos, horas o incluso días, dependiendo de la actividad o aventura. Ed dice: «Como cuidador, tienes que adaptarte. El enfoque se convierte en: ¿cómo puedo mostrar mi amor por esta persona dándome cuenta de que estamos siempre en el momento?».

Jolene Brackey escribe en su libro *Creating Moments of Joy* [Cómo crear momentos de alegría]: «No nos será posible crear un día perfecto para los que tienen demencia, pero es absolutamente posible crear momentos perfectamente maravillosos, momentos que ponen sonrisas en sus caras, brillo en sus ojos o despiertan recuerdos. Cinco minutos más tarde, no recordarán lo que hiciste o dijiste, pero la sensación que dejaste en ellos se mantendrá».[17]

Consideraciones especiales

Momentos de calidad pueden realmente ayudar a prolongar la vida de un PCD. Ed destaca: «Un factor que lleva a una experiencia acelerada de la demencia es el aislamiento social. Cuando alguien mira una película con Rebecca o colorea con ella, esa interacción social es valiosa. Se puede decir que le encanta colorear con alguien más. Sus cuidadores pagados colorean con ella, probablemente dos o tres horas cada día».

***

Un cuidador recuerda: «Cuando mi esposa veía una información sobre la enfermedad de Alzheimer en la televisión, ella estaba lo bastante consciente como para hacer preguntas difíciles: "¿Qué va a pasarme?". "¿Me vas a dejar?". Ella me hacía esas mismas preguntas una y otra vez. Era difícil responder, pero yo era sincero con ella. Le decía: "Sí, eso es con lo que estamos lidiando, pero vamos a estar bien. Vamos a enfrentarlo juntos". La mayoría de las veces estas

---

17. Jolene Brackey, *Creating Moments of Joy for Persons with Alzheimer's or Dementia,* 4a. edición (West Lafayette, IN: Purdue University Press, 2007), p. 13.

conversaciones ocurrían cuando estábamos en la cama y a punto de dormir, así que llorábamos hasta dormirnos abrazados».

Este tipo de momento de calidad íntimo es mucho más profundo que una mera experiencia compartida. Eso es conexión del alma. *Hesed*: Estoy contigo.

LENGUAJE DEL AMOR *Momentos de calidad (Tiempo de calidad)*	
Consideraciones afectuosas	**Lo que *no debes* hacer**
EA EN LA ETAPA INICIAL: Habilidades aprendidas hace mucho tiempo, como bailar y tocar el piano, se conservan en el fondo del cerebro y quedan allí guardadas durante mucho tiempo. Esas habilidades proporcionan oportunidades para compartir momentos de calidad. ¡Aprovecha los talentos de la PCD tanto tiempo como sea posible! **EA EN ETAPA MEDIA A AVANZADA:** Únete a la persona en lo que esté haciendo, incluso si eso significa recoger ramitas en el patio o colorear. La música de los años de la adolescencia o de la juventud de la persona puede proporcionar alivio y placer especiales. La agitación o la inquietud al anochecido (síndrome vespertino) pueden impedir que disfruten de la compañía del uno con el otro, por ejemplo, ver la televisión juntos. Permanecer con el PCD durante el síndrome vespertino le permite saber que no está solo en su sufrimiento.	No evites contestar las preguntas difíciles de la PCD. Aunque la verdad es triste, puede llevar a una conexión emocional más profunda. Sé paciente si tienes que responder a las mismas preguntas una y otra vez. Para el PCD, la pregunta es nueva cada vez.

RECIBIR REGALOS

El doctor Hugenschmidt señala: «Los regalos que una persona quiere, o lo que constituye un regalo para ella, va a cambiar a medida que cambia su función».

Consideraciones especiales

En *Los 5 lenguajes del amor,* Gary escribe: «La presencia física en tiempos de crisis es el mejor regalo que puedes dar si el lenguaje primario de amor de tu cónyuge es *recibir regalos*».[18] El diagnóstico de la enfermedad de Alzheimer es sin duda una crisis para cualquier individuo. Para una persona recién diagnosticada, independientemente de su lenguaje del amor, no hay un regalo intangible más precioso que la garantía de un cónyuge que tiene la intención de mantener el voto matrimonial de juntos «en la enfermedad y en la salud».

***

Los regalos tangibles son muy apreciados a principios de la EA. Más tarde, los regalos materiales no significan tanto. Regalos como una caja de chocolate, como hizo Adela con su mamá, son los mejores en la etapa avanzada de la experiencia. Ed dice que, para Rebecca, «un cono de helado es como el regalo de todos los regalos. Le encanta el cono de helado. Ella sonríe y se ríe mientras lo disfruta. Es a veces el punto culminante de mi día viendo su respuesta a ese regalo». Antes de la EA, él dice, de todos los lenguajes del amor, recibir un regalo de cualquier tipo era lo menos significativo para Rebecca.

***

A veces, como en la historia del cono de helado de Ed, el donante experimenta tanta alegría como el receptor. Esto era también cierto

18. Chapman, *The 5 Love Languages*®, p. 79.

para Juan cuando discretamente le dio a su esposa Daniela un regalo especial, únicamente por su beneficio emocional.

<table>
<tr><th colspan="2">LENGUAJE DEL AMOR
Recibir regalos</th></tr>
<tr><th>Consideraciones afectuosas</th><th>Lo que *no debes* hacer</th></tr>
<tr><td>**EA EN LA ETAPA INICIAL:** Puedes encontrar en la Internet regalos apropiados para personas en la etapa inicial de la EA entrando al portal By Stage tab at http://store.best-alzheimers-products.com.

Los regalos para mejorar las relaciones ofrecen la oportunidad de tener experiencias juntos: discos compactos de música, DVD de películas, libros y marcadores para colorear, y rompecabezas de 50 a 500 piezas.

EA EN ETAPA MEDIA A AVANZADA: Puedes encontrar en la Internet regalos apropiados para personas en la etapa media a avanzada de la EA entrando al portal By Stage tab at http://store.best-alzheimers-products.com.

Los regalos materiales ya no son importantes. Los alimentos favoritos o golosinas pueden ser más apreciados.

Un equipo electrónico cargado con música es uno de los regalos más impactantes.</td><td>No esperes el mismo aprecio por los regalos que la persona pudo haber mostrado en el pasado. Al final de la EA, muchas personas tienen dificultades para reconocer objetos que podrían haberles encantado como regalos en años anteriores.

No des:

• Lociones que podrían parecer una bebida.

• Películas completas, crucigramas y rompecabezas difíciles, o novelas.</td></tr>
</table>

Puesto que Juan está lejos de la edad de jubilación, tiene que seguir trabajando. Para evitar tener que llevar a Daniela a un centro especializado, la inscribió en una guardería para adultos. Daniela se resistió a ir hasta que Juan le dijo: «Este es tu trabajo. Aquí es donde tú vas trabajar ahora». Le dio dos billetes de 20 dólares a uno de los cuidadores en el centro y le instruyó que se los «pagara» a Daniela al final de la semana.

El «día de pago», Juan recuerda que «Daniela salió y dijo: "¡Esto es todo lo que tengo por trabajar aquí! ¡No es suficiente!"». Juan se divertía y afirmó: «Cariño, lo siento mucho. Tal vez les pediremos que te den un aumento». A la semana siguiente, dice: «Me busqué 40 billetes de un dólar y los metí en un sobre. Cuando Daniela salió, le pregunté: "¿Te pagaron hoy?". Ella dijo: "¡Sí!", y me pasó todos los dólares, y tú ya sabes, ella ya no puede contar el dinero. Le dije: "¡Caramba! Hoy tienes mucho dinero, ¿verdad?". Ella dijo: "Sí". Luego yo guardaba el dinero y lo devolvía al centro para la siguiente semana».

ACTOS DE BONDAD (ACTOS DE SERVICIO)

Normalmente pensamos en un «acto de servicio» como algo útil que se hace para aligerar la carga de otro, y la persona servida aprecia tanto el esfuerzo hecho que se siente amada. Aunque los cónyuges que cuidan realizan innumerables actos de servicio para su ser querido, tales como que el EA tome sus medicamentos o ayudarle a vestirse, es poco probable que la PCD aprecie el esfuerzo o lo perciba como amor. El doctor Williams dice que para las personas con demencia, los *Actos de servicio* pueden ser redefinidos «de una nueva manera, para incluir la preservación de la individualidad y la identidad». En el capítulo 2, los actos de servicio de Raquel para su esposo incluyeron animarle a hacer tareas como cortar el césped y sacar el perro a caminar, lo que le hace sentirse útil. El médico describió el esfuerzo de Raquel a favor de su esposo como «un acto de bondad».

LENGUAJE DEL AMOR *Actos de bondad (Actos de servicio)*	
Consideraciones afectuosas	**Lo que *no debes* hacer**
EA EN LA ETAPA INICIAL: Sé consciente de que los *Actos de servicio* pueden recordar a una PCD su propia incapacidad para expresar amor a través de un acto de servicio, tal como preparar una comida. **EA EN ETAPA MEDIA A AVANZADA:** Date cuenta de que hacer actos de servicio para una PCD no transmitirá el mismo significado que tuvo una vez. Piensa en términos de hacer *actos de bondad* en vez de actos de servicio.	No desalientes a un PCD que quiera ayudar. Encuentra pequeñas tareas que pueda hacer, como plegar las toallas o lavar platos, para que sienta que está contribuyendo con algo. Siempre que sea posible, haz cosas *con* la persona más bien que hacerlas *para* ella.

EN LA ETAPA MEDIA A LA AVANZADA DE LA EA: HABLA TODOS LOS LENGUAJES DEL AMOR

En *Los 5 lenguajes del amor de los niños*, Gary y el coautor Ross Campbell indican que si bien los padres deben tratar de identificar el lenguaje primario de su hijo, también deben emplear deliberadamente los cinco lenguajes del amor con él. Ellos dicen: «Sí, creemos que su hijo percibe mejor el amor por medio de uno de los cinco lenguajes, pero las otras cuatro maneras de mostrar su amor también le beneficiará».[19]

En la etapa media y avanzada de la EA, las personas se vuelven más como niños. Ed recuerda: «Una vez cuando Carrie, nuestra hija menor, estaba en casa, pasó una tarde con Rebecca y luego metió a

19. Gary Chapman y Ross Campbell, *The 5 Love Languages® of Children* (Chicago: Northfield Publishing, 2012), p. 8. Publicado en español por Editorial Unilit con el título *Los 5 lenguajes del amor de los niños.*

su mamá en la cama. Rebecca alzó la vista hacia Carrie y le dijo: "Fue muy divertido jugar hoy con los niños grandes". En esa etapa de su enfermedad, Rebecca estaba claramente percibiendo la vida desde el punto de vista de un niño. Debido a que las personas con la EA en la etapa media a la avanzada regresan a un estado de ánimo más infantil, les animamos a expresarles amor como si fueran, de hecho, niños. Tomando este apunte de los doctores Chapman y Campbell, recomendamos hablar los cinco lenguajes del amor con los que se vuelven infantiles por causa de la demencia. También pensamos que este es un enfoque prudente ya que el lenguaje del amor de una persona puede cambiar a lo largo de la enfermedad. Cuando no hay un lenguaje del amor determinado que se destaque como primario, expresar el amor de cinco maneras diferentes solo aumenta las posibilidades de dar en el blanco.

Nuestro amigo Juan hace un excelente trabajo al usar los cinco lenguajes del amor con su esposa Daniela. Él ahora vive con Daniela en una unidad de cuidado de la memoria, pero a menudo la lleva a su antigua residencia, que todavía conserva, para celebrar el «Día de Daniela».

Años antes de que les afectara la EA, Daniela y Juan escucharon a alguien llamado Gary Chapman hablar sobre un tema que nunca habían oído antes: Los cinco lenguajes del amor. Disfrutaron de su seminario, compraron el libro y cada uno tomó el examen para determinar sus lenguajes del amor. La mayoría de las parejas tiene lenguajes del amor diferentes, pero los lenguajes del amor primario y secundario de Juan y Daniela eran los mismos. *Tiempo de calidad* era primario y el *Contacto físico* era secundario para ambos. En el «Día de Daniela», Juan ahora continúa usando el lenguaje de *Tiempo de calidad* y *Contacto físico* con ella y la prodiga también con dosis generosas de los otros tres lenguajes.

«Nuestros Días de Daniela consisten en que me esmero en todo lo que puedo para expresarle cariño. La llevo a casa y tengo allí preparadas algunas cosas que le gusta comer, y mientras le doy de comer, charlo con ella. Cada pocos minutos le digo que la amo. Entonces la ducho y la pongo limpia y guapa. Luego le unto loción en los pies y las manos y le pongo un paño caliente en la cara. Ella está tranquila y encantada cuando todo esto está pasando. Ella se relaja y se sienta. Luego le lavo la cara y le afeito las piernas. Después le doy un masaje de arriba a abajo, simplemente amándola. Luego le prepararé una comida. Es un momento en el que nos sentamos juntos, y ella solo me mira y me sonríe. Tú sabes, es todo un día de amor».

Si eres el que cuida de una persona que está muy deteriorada o ya no se expresa verbalmente, tus mejores pistas sobre lo que la hace sentirse amada en *este momento* pueden ser su comportamiento y preferencias actuales. Esto requiere hacer conjeturas, pero al reevaluarlo periódicamente, puedes ser capaz de reconocer continuamente la mejor manera de expresarle amor en ese momento. En cualquier punto de la segunda mitad de la enfermedad, o en cualquier momento en que no aparezca un lenguaje particular del amor como primario, ofrecemos la lista en el Apéndice A como un punto de partida creativo para hablar los cinco lenguajes del amor.

5

Posibilitemos el amor

«No hay nada más hermoso que alguien que se olvida de sí mismo para hacer la vida hermosa para los demás».

—Mandy Hale

EN EL ESQUEMA NATURAL de las cosas, las expresiones de amor recompensan al dador y al receptor. Cuando otros nos manifiestan amor en nuestra «lengua materna» (nuestro lenguaje del amor), nuestro depósito de amor emocional comienza a llenarse y la vida es buena. Cuando nos acercamos a los demás de la misma manera, con expresiones de amor diseñadas solo para ellos, nos sentimos bien con lo que hemos hecho, y si la otra persona responde con aprecio, sorpresa o placer, nos sentimos aún mejor porque su respuesta recompensa nuestro esfuerzo. Cuando el amor se habla en los lenguajes apropiados y fluye libremente en ambas direcciones, dar amor es tan gratificante como recibirlo. De hecho, los seres humanos están innatamente conectados para disfrutar de este tipo de amor recíproco.

LA RECOMPENSA NATURAL POR MOSTRAR AMOR A OTROS

Cuando vemos que nuestro gesto amoroso ha impactado a otra persona como esperábamos, eso genera la liberación de una sustancia química llamada dopamina que nos hace «sentir bien», que procede de unas neuronas especiales en el camino de la recompensa del cerebro. Esa recompensa natural nos motiva a repetir lo que hemos hecho. Cuanto más vemos que nuestras expresiones de amor son significativas para otras personas, más nos sentimos recompensados y más queremos seguir mostrando amor.

«En términos de tu lenguaje del amor», nos dice la doctora Christina Hugenschmidt, «es aquello que tú encuentres gratificante. Por ejemplo, lo que te hace entusiasmarte al dar un regalo es ver la cara iluminada de la persona. La respuesta de la otra persona al regalo es la recompensa». (Seríamos negligentes si no señaláramos que es la *ausencia* misma de tales respuestas de las personas con demencia lo que hace que el amor *hesed* desinteresado de los cuidadores sea tan impresionante).

> En el esquema natural de las cosas, las expresiones de amor recompensan al dador y al receptor.

Hasta que los componentes clave del sistema de recompensa del cerebro no quedan afectados por la EA, la persona sigue siendo capaz de experimentar la satisfacción y la alegría que provienen de expresar amor a los demás. El problema está en que, si bien tienen la capacidad de *disfrutar* de la recompensa que proviene de alcanzar a otros, se ven cada vez más retados en su capacidad para *iniciar* expresiones de amor. Se vuelven incapaces de recordar la secuencia de tareas que lleva a la recompensa, y son cada vez más incapaces de realizar las tareas por sí mismas. Con el fin de expresar amor a otra persona, el enfermo con la EA necesita la ayuda de un *facilitador*, alguien que está motivado para intervenir y ayudar.

LA FACILITACIÓN PARA LA PERSONA CON DEMENCIA

El Programa de Consejería de la Memoria que Ed fundó incluye un grupo de «Aptitud cerebral» para personas con demencia. La aptitud cerebral proporciona estimulación cognitiva y emocional mediante la participación social, el arte, la música, los juegos interactivos y la danza. Los facilitadores ayudan a las personas con demencia a participar en actividades creativas que mejoran su calidad de vida. A veces esto implica uno de los lenguajes del amor. Piensa en estos ejemplos:

En uno de los grupos de aptitud cerebral, la actividad era de pintura, por lo que los facilitadores trajeron flores para dar a los participantes algo para pintar. Después les dijeron a los miembros del grupo que cada uno podía dar una flor a su cuidador cuando esa persona llegara a recogerlos. Cuando llegó Sandra, la esposa de Aarón, él agarró con entusiasmo todo el ramo de flores y se lo dio. Sandra, por supuesto, se dio cuenta de que todas las flores no eran para ella. La doctora Hugenschmidt, la líder del grupo, recuerda: «Ella se sintió incómoda al respecto. Pero dijimos: "Por favor, tómalo porque eso le ha hecho a él tan feliz". Los otros cuidadores también dijeron: "¡Toma las flores!". Aarón estaba muy emocionado por poder dar algo a su esposa, y él no podía hacerlo por su cuenta. Tal vez le habría gustado haber conseguido flores para Sandra muchas veces, pero él no podía conducir; ya no podía planificar; tenía dificultades para iniciar. Pero cuando las flores están ahí y alguien dice: "Puedes dárselas a Sandra", su rostro se ilumina. Creo que parte de lo que disfrutó fue que era algo que él sentía que había hecho por su cuenta, porque sucedió fuera de su conexión con Sandra. Ella no le llevó a la floristería para conseguir flores; él estaba con su grupo. Tenía flores para dárselas a ella cuando entró en la habitación. Eso fue muy importante para él».

La doctora Hugenschmidt explica: «Cuando hay un cuidador que posibilita y que no es el cuidador primario, la persona con la EA puede tener esa sensación de independencia y experimentar la recompensa de la sorpresa. De lo contrario, el cuidador tiene que ayudarle a obtener el regalo y creo que eso es decepcionante para él o ella y para la persona con demencia. Es como la situación con una madre soltera cuyo hijo quiere hacer algo para el cumpleaños de su mamá. ¿Cómo sucede eso? Muchas veces es alguien más en la familia o un amigo que se da cuenta, lleva al niño a la tienda y le ayuda a conseguir un regalo para que pueda tener la alegría de poder sorprender a la persona que ama».

***

Los líderes del grupo de aptitud cerebral han notado que varios de los participantes tienen problemas con el lenguaje expresivo. Cuando una persona no es verbalmente expresiva, es fácil pensar que no va a responder a los esfuerzos de un facilitador. La doctora Hugenschmidt dice: «Muchas personas confunden una incapacidad para expresar con una incapacidad para recibir. Y ese no es necesariamente el caso. Paula, una de nuestras participantes, tiene muchos problemas de expresión. Ella solía escribir poemas y hacer lecturas de poesía. Solo puedo imaginar lo frustrante que es ser tan fluido con las palabras y luego no ser capaz de generarlas. Como grupo, escribimos un poema breve y le pedimos que fuera ella quien lo leyera. La elegimos porque ella puede leer y puede decir las palabras que lee, pero no puede generar palabras. Leer el poema para el grupo le dio la oportunidad de ser expresiva sin tener que generar por sí misma las palabras. A ella realmente le gustó hacer esto».

Al ser poetisa antes de la demencia, no es difícil ver por qué leer el poema fue gratificante para Paula. Sin embargo, no podría haber creado esta oportunidad de lectura por sí misma. Tenía que ser creada para ella y facilitada por el liderazgo del grupo. «Si fueras el cuidador de Paula», señala la doctora Hugenschmidt, «podrías subestimar lo que ella puede hacer, lo que puede entender o en lo que puede participar, porque no puede decírtelo verbalmente. Si su lenguaje del amor primario es *Palabras de afirmación*, sería un error dejar de hablar con ella porque todavía puede recibir palabras muy bien».

***

Los autores del libro *Cuando el día tiene 36 horas* escribieron que «*se puede hacer mucho para mejorar la calidad de vida de las personas que tienen demencia y de sus familiares*» [cursivas en el original].[1] Facilitar actividades que fomenten la autoexpresión es una manera de mejorar la calidad de vida de las personas con demencia. La autoexpresión aumenta la autoeficacia, pues uno cree en su propia capacidad de completar tareas y alcanzar metas. Dado que las habilidades de las personas con demencia están constantemente disminuyendo, facilitar las cosas que todavía pueden hacer alienta la autoeficacia.

«Una cosa que hemos notado en Aptitud cerebral», dice la doctora Hugenschmidt, «es que las habilidades de las personas se deterioran mucho en el ámbito de la planificación y el recuerdo o en el de ser capaces de iniciar. Con una mujer, Ana, que es pintora, vimos cómo estas se deterioraban notablemente. Sin embargo, todavía disfruta pintando. Es solo que la infraestructura que se necesita para que pinte ahora es diferente. Ella era la que solía ir a comprar sus pinturas y lienzos, elegía lo que quería pintar, conducía para estar con sus amigos y pintaba en grupo. Ahora hay que comprar los materiales para ella; tienes que darle un modelo y a veces tienes que poner el pincel en su mano y sacar las pinturas para ella. Pero cuando lo haces, ella todavía pinta y todavía lo disfruta. Creo que la incapacidad de iniciar puede ser mal interpretada como una pérdida de función, cuando todo lo que realmente se necesita es solo un facilitador, alguien que tenga el tiempo, la energía y la paciencia para intervenir y llenar las lagunas, entendiendo que la pasión original o disfrute todavía está

---

1. Nancy L. Mace y Peter V. Rabins, *The 36-Hour Day: A Family Guide for People Who Have Alzheimer's Disease, Related Dementias, and Memory Loss* (Baltimore: The Johns Hopkins University Press, 2011), pp. 17-18. Publicado en español por Editorial Pax con el título *Cuando el día tiene 36 horas.*

allí, pero la persona no puede actuar sin ayuda», afirma la doctora Hugenschmidt.

POSIBILITAR HACER REGALOS Y ACTOS DE SERVICIO

Debido a que las funciones ejecutivas de planificar, tomar iniciativas y mantener una secuencia se pierden a principios de la EA, los lenguajes del amor que más requieren esas habilidades —dar regalos y hacer actos de servicio— son las primeras expresiones del amor que se ven afectadas por la enfermedad. Como se ilustra en la historia de Aarón y las flores, la capacidad de una persona para dar regalos puede prolongarse solo con la ayuda de un facilitador. La capacidad de realizar actos de servicio también puede prolongarse con la ayuda de un facilitador, si se hace hincapié en la autoeficacia que se genera al realizar tareas, y no tanto en la calidad del trabajo. Por ejemplo, Sara dice que su marido siempre «quiere ayudar, así que en el día de lavar la ropa le dejo doblar todas las toallas. No quedan dobladas muy bien y las pone en el armario de cualquier manera, siempre y cuando pueda meterlas en el estante».

Muchas personas parecen conservar un fuerte deseo de continuar expresando estos dos lenguajes del amor en particular mucho tiempo después de que su capacidad de hacerlo ha desaparecido.

EL DESEO DE CONTINUAR DANDO

La doctora Hugenschmidt explica: «Los que están de verdad motivados para dar regalos todavía los dan. Solo que los regalos son ahora mucho menos apropiados. Sin la facilitación, dar puede a veces causar mucha tristeza para el cuidador porque ve que la persona todavía los ama y realmente está tratando de mostrarlo. Es solo que el intento es un fracaso». (Los cuidadores pueden encontrar provechoso pensar en que cualquier regalo de un PCD es como un regalo de un niño pequeño, centrándose más en la intención del que lo da que en el regalo en sí).

A pesar de que siguen estando motivados para dar, las personas con demencia no tienen mucho que realmente puedan dar. Una de las únicas cosas que *pueden* dar es la comida que «poseen». Cuando Rebecca Shaw se encontraba en un paso anterior en su enfermedad, una vez tomó una porción de la ensalada de taco que estaba comiendo, se la dio a Ed, y dijo: «Esto es para ti». Él inmediatamente reconoció que eso era un regalo.

La doctora Julie Williams destaca: «Muchas personas que están empezando a entrar en la fase de desinhibición de su enfermedad quieren compartir su comida en el hospital con los médicos, las enfermeras o los estudiantes de medicina. Dicen: "Este budín de plátano es de verdad muy bueno, pero estoy demasiado lleno. ¿Te gustaría tener el resto?" o: "Tengo algunas uvas aquí. ¡Tómalas, si las quieres!"». Ese deseo de continuar dando puede persistir mucho tiempo durante la enfermedad. La doctora Williams narra: «En el hospital, si alguien tiene una enfermedad muy avanzada y es mínimamente verbal, puede agarrar un objeto a su alcance, un utensilio, un plato de comida o una revista y entregárselo a un visitante. La persona que lo recibe generalmente no tiene ni idea de lo que está pasando y podría decir: "¿Por qué me estás dando esto?". Pero alguien más perspicaz dirá: "Ah, muchas gracias. Es perfecto. Lo pondré aquí"».

EL DESEO DE CONTINUAR SIRVIENDO

Algunas personas cuyo lenguaje primario del amor antes de la demencia era *Actos de servicio* tienen un fuerte deseo de seguir sirviendo a los demás, incluso a medida que su enfermedad avanza. Rebecca Shaw es una de esas personas. Ed dice: «Ella creció sin un lavavajillas y prefiere lavar los platos a mano. Incluso cuando teníamos un lavavajillas, a menudo ella lavaba los platos a mano. Después de la cena, ya sea sus cuidadores o yo la ayudamos a meter los platos en el fregadero y ella "lava los platos". Ella no es realmente capaz de lavarlos de una manera que los deje listos para su uso, así que cuando se va a la cama, los ponemos en el lavavajillas. Rebecca ha conservado el deseo de servir a su familia con el último acto de servicio que todavía puede hacer que es lavar los platos».

El deseo de Rebecca de lavar los platos sigue activo incluso cuando ella no está en casa. Una noche, Ed, Rebecca y cuatro miembros del «Equipo A» (sus cuidadoras pagadas) fueron a cenar a un restaurante. Después de la cena, Rebecca recogió su plato vacío y se levantó de la mesa, dirigiéndose a la cocina del restaurante, al parecer con la intención de ayudar con los platos. Ed y las cuidadoras tuvieron que seguirla y convencerla de que abandonara su misión.

En los primeros años de su matrimonio, Sara recuerda: «Roberto siempre quería ayudarme». Ahora, aunque ya no puede ayudar, todavía quiere intentarlo. Sara dice: «Cuando estoy en la cocina haciendo la cena, él dice: "Aquí estoy sentado sin hacer nada y tú estás haciendo todo el trabajo. Debería estar ayudándote". Eso me lo dirá probablemente tres o cuatro veces mientras preparo la cena. Creo que esa es su forma de mostrar amor».

Katrina, la hija de Sara y Roberto, también reconoce el deseo de su padre de continuar mostrando amor mediante *Actos de servicio*, a pesar de su incapacidad para hacerlo. Sin embargo, facilitar un acto de servicio para su padre no siempre es conveniente. Katrina explica: «Papá quería ayudarme con los platos la pasada noche. A veces siento que él es como un niño, como cuando tus hijos son niños pequeños y están tratando de ayudarte a hacer las cosas y es más fácil decir: "Por favor, déjame que lo hago yo". Eso es lo que hice anoche. Él se quedó allí mirando. Si le hubiera entregado el plato y él lo hubiera puesto en el lavavajillas, habría estado bien». En retrospectiva, ella expresa: «Siento que para mantener su depósito emocional lleno, por más duro que sea, debo dejarlo que ayude, porque eso es lo que lo mantiene feliz».

POSIBILITAR TIEMPO DE CALIDAD, CONTACTO Y PALABRAS

Tal como nos lo muestran los ejemplos de aptitud cerebral de la pintura y la lectura del poema, facilitar para aquellos con demencia puede permitirles seguir haciendo algo que ellos disfrutan después de que han perdido la capacidad de hacerlo por sí mismos. De igual modo, una persona con demencia puede seguir experimentando y expresando los lenguajes del amor de *Tiempo de calidad, Contacto físico* y *Palabras de afirmación* por un tiempo más largo si un facilitador está dispuesto a participar junto con ellas. El contacto habla a la vez a la persona que está tocando y a la que está siendo tocada. Al tomar la mano de una persona mientras hablas, o poniendo tu brazo alrededor de ella en el cine o en la iglesia, no solo estás hablando el lenguaje del amor, sino también facilitando su expresión pasiva, ya que ambas personas se están tocando. Esto también es cierto del *Tiempo de calidad* porque tanto el facilitador como la persona con demencia lo están experimentando juntos, uno que habla activamente el lenguaje del amor y el otro pasivamente.

La doctora Hugenschmidt explica: «A menudo el *Tiempo de calidad* significa para la persona una cierta actividad, como ir al cine o montar en bicicleta, pero si puedes ser flexible en cuanto a cómo usar ese tiempo, la ventana para experimentar el *Tiempo de calidad* permanecerá abierta un poco más». Para los niños pequeños y las personas con la EA, prolongar el *Tiempo de calidad* a menudo significa que el cuidador debe estar dispuesto a repetir la misma actividad muchas veces. «Con los niños de dos años», dice la doctora, «vas a leer ese libro favorito una y otra vez. Puede que no sea gratificante para ti leer los mismos libros de niños por centésima vez, pero ese es tu tiempo de calidad». Leer un libro también facilita la cercanía física entre padres e hijos, y les permite compartir una experiencia de *Palabras*. El tiempo de calidad de Ed con Rebecca refleja esta experiencia de padres e hijos, excepto que la experiencia de *Palabras* es una canción y un diálogo de película.

Él afirma: «Rebecca tiene una cierta aversión al contacto físico, pero cuando vemos una película, ella me dejará tocarla. A veces nos agarramos del brazo. De vez en cuando me deja incluso acariciar su mano, pero siempre estamos sentados muy juntos en el sofá. *La novicia rebelde* es su preferida. Creo que la he visto literalmente cientos de veces. Esas noches de cine permiten que el amor se exprese mediante el *Contacto físico* y el *Tiempo de calidad*, haciendo algo juntos que ambos disfrutamos».

POSIBILITAR EL AMOR POR MEDIO DE LA MÚSICA

Henry Wadsworth Longfellow destaca: «La música es el lenguaje universal de la humanidad». La música no es uno de los cinco lenguajes del amor, pero con su propio sistema de notación, la música se ajusta fácilmente a la definición del diccionario de un *lenguaje*: «El sistema de palabras o signos que las personas usan para expresar pensamientos y sentimientos entre sí».[2] Como el señor Longfellow opina, la música es el único idioma que resuena de manera única con toda la humanidad.

A lo largo de los siglos y a través de las culturas, la música ha proporcionado entretenimiento, ha arrullado y dormido a los bebés, ha mejorado las celebraciones y ha expresado las alabanzas de los adoradores. Desde el punto de vista médico, se sabe desde hace mucho tiempo que la música tiene un efecto positivo en la presión arterial, el cortisol, la dopamina, la melatonina y los niveles de oxígeno, y ayuda a aliviar la depresión y la ansiedad. Ahora, con la epidemia de Alzheimer en aumento, el poder curativo de la música está ganando nueva atención. Muchos estudios han puesto de manifiesto los efectos terapéuticos de la música en los pacientes con Alzheimer, reduciendo

---

2. Merriam-Webster Dictionary, «language», http://www.merriam-webster.com/dictionary/language.

la agresión, la ansiedad y la agitación mientras mejora el estado de ánimo y el comportamiento.[3,4,5,6,7] Nuevas investigaciones indican que la música también puede mejorar la cognición. Linda Maguire, una cantante de ópera con una maestría en neurociencia y en ciencias de la salud de la gerontología, realizó un estudio que muestra «notables mejoras en la cognición» después de que las personas con la EA cantaron una serie de sus canciones seleccionadas durante cuatro meses. Maguire dijo a la revista *Epoch Times*: «La música da a los pacientes con Alzheimer una sensación de poder y propiedad. Ellos no pueden seguir la vida. No pueden seguir las conversaciones. No recuerdan a las personas... Pero debido a que la parte del cerebro que internaliza la música y marca el ritmo es en particular muy sana en los pacientes con Alzheimer, ellos pueden seguir la música y recordarla, y eso les hace sentirse en control».[8]

El canto activa los dos lados del cerebro. Disfrutar de la música en un entorno de grupo involucra también las áreas visuales del cerebro. De modo que la música estimula muchos procesos cognitivos a la

3. Alzheimer's Foundation of America, «Music», http://www.alzfdn.org/educationandcare/musictherapy.html.

4. Graff-Radford, Jonathan, «How can music help people who have Alzheimer's disease?», http://www.mayoclinic.org/diseases-conditions/alzheimers-disease/expert-answers/music-and-alzheimers/faq-20058173.

5. L. E. Maguire et al., «Participation in Active Singing Leads to Cognitive Improvements in Individuals with Dementia», *J Am Geriatr Soc.* 63, 2015, pp. 815-816. doi: 10.1111/jgs.13366.

6. Alissa Sauer, «5 Reasons Why Music Boosts Brain Activity», Alzheimers.net (blog), 21 julio 2014, http://www.alzheimers.net/2014-07-21/why-music-boosts-brain-activity-in-dementia-patients/.

7. Nicholas R. Simmons-Stern et al., «Music as a memory enhancer in patients with Alzheimer's disease», *Neuropsychologia* 48, no. 10, 2010, pp. 3164-3167. Publicado en línea 5 mayo 2010. doi: 10.1016/j.neuropsychologia.2010.04.033.

8. Conan Milner, «Opera Singer Turned Neuroscientist Uses Music as Medicine for Dementia, Autism, and More», *Epoch Times*, 26 noviembre 2015 (actualizado 25 mayo 2016), http://www.theepochtimes.com/n3/1905111-opera-singer-turned-neuroscientist-uses-music-as-medicine-for-dementia-autismand-more/.

vez, de hecho, más que cualquier otro estímulo conocido, según el renombrado neurólogo doctor Oliver Sacks. A veces guiar a disfrutar de la música a una persona con la EA mediante un iPod y auriculares provoca una respuesta sorprendente. Miles de personas se han maravillado de un video sobre un hombre llamado Henry, un residente de un centro de cuidado durante diez años, que era poco comunicativo hasta que la música le hizo «revivir». Puedes ver el video en YouTube.com buscando «Alive Inside Henry's Story». Cuando le preguntaron: ¿Qué hace la música por ti? Henry respondió: «Me da el sentimiento del amor». El clip de Henry es un extracto de *Alive Inside*, un documental emocionante que ganó el Premio de la Audiencia en el Festival de Cine Sundance de 2014. (Actualmente se puede ver en YouTube el documental completo con subtítulos en español).

John Schmid, un escritor de entradas en la web sobre la enfermedad de Alzheimer, señala: «A veces la música trae consigo un cambio tan sorprendente que nos sentimos obligados a recomendarle, como proveedor de cuidado, que mantenga la música en su repertorio».[9] Dado que la capacidad de apreciar la música perdura tanto y la respuesta puede ser tan profunda, recomendamos emparejar la música con los lenguajes del amor a lo largo de la experiencia con la enfermedad de Alzheimer para mejorar la conexión personal con una PCD:

Regalos

Un iPod cargado con música de los años jóvenes de la persona puede ser uno de los mejores regalos que se pueden dar a una persona con la EA. La música del «recuerdo» (de la infancia, de la adolescencia y de principio de la edad adulta) es muy probable que resuene profundamente. Del inicio a mediados de la EA, escoge la música que la persona disfrutaba como adulto joven (entre las edades de 18 a

9. John Schmid, «Music Therapy for Alzheimer's». Best Alzheimer's Products, 4 noviembre 2014, http://www.best-alzheimers-products.com/music-therapy-alzheimers.html.

25). A medida que la persona regresa a un estado más infantil, carga el iPod con cantos y música propios de los niños. Si el español no es la lengua materna de la persona, trata de encontrar música en el idioma que habló cuando era niño. Observa la respuesta de la persona a la música. Si cierta canción estimula la alegría, mantenla; si causa tristeza o agitación, bórrala.

Palabras de afirmación (La letra)

Es sorprendente pero cierto, que las personas en la etapa de media a avanzada de la EA a menudo pueden aprender nuevas letras de canciones o cantar con precisión las aprendidas hace mucho tiempo. Esta capacidad por lo general permanece hasta muy avanzada la enfermedad porque la memoria musical no es significativamente afectada por la EA. Un ejemplo inspirador es el cantante de música folclórica Glen Campbell, quien completó una gira de 15 meses y 151 conciertos, mientras avanzaba en su EA. Esta última gira de conciertos de su carrera fue narrada en el 2011 en un documental de la cadena de televisión CNN.

Contacto físico

La música invita a seguir el ritmo con los pies, a aplaudir y a tocar. Mientras la persona sea capaz de caminar, puede moverse con la música agarrándose a otra persona, o incluso danzar con ellas. Si la música evoca recuerdos de los días de noviazgo de una pareja, bailar juntos puede inspirar algunos abrazos, tomarse de las manos y besarse también. El disfrute de la música más el contacto puede facilitar la intimidad relacional.

Tiempo de calidad

La música que fomenta la socialización festiva puede crear tiempo de calidad o, por lo menos, momentos de calidad. La terapeuta en música Loretta Quinn recomienda canciones festivas porque esas letras y música «las guía a mirar, reír y hablar con otras personas a su alrededor».[10] Sé sensible a la posibilidad de la excesiva estimulación, teniendo cuidado de eliminar la competencia ruidosa, como la de un televisor o una radio.

Actos de servicio

Siempre que el amor se expresa emparejando la música con uno de los otros lenguajes del amor, los *Actos de servicio* quedan también siempre involucrados porque introducir la música a una PCD requiere por lo menos la participación de otra persona.

LA MÚSICA Y EL QUE CUIDA

En su libro *This Is Your Brain on Joy* [Así es tu cerebro con alegría], el doctor Earl Henslin escribe: «La letra junto con el sonido de la música tienden a pasar por alto la parte que piensa del cerebro y van directamente al centro del estado de ánimo.»[11] Esto es tan cierto para los cuidadores como lo es para la persona con la EA. La música puede proporcionar alivio al estrés para los cuidadores. Además de este beneficio personal calmante y que produce alegría, la música también puede desempeñar un papel en ayudar a los cuidadores a manejar el comportamiento y la atención diaria de una persona con la EA. Connie Tomaino, fundadora del Instituto de Música y Función Neurológica, dijo a un entrevistador de AARP (American Asociation Retired People) que cuando alguien está en las primeras etapas de la enfermedad de Alzheimer, los cuidadores deben comenzar a asociar canciones específicas con miembros de la familia o ideas importantes.

10. Loretta Quinn, «A Music Therapist Looks at Dementia», Best Alzheimer's Products, 6 noviembre 2014, http://www.best-alzheimers-products.com/music-therapist-looks-dementia.html.

11. Earl Henslin, *This is Your Brain on Joy: How the New Science of Happiness Can Help You Feel Good and Be Happy* (Nashville: Thomas Nelson, 2008), pp. 47-48.

Más tarde en la enfermedad, afirmó, tocar o cantar esas canciones puede desencadenar esa asociación.

Mary Ellen Geist, la autora del artículo para la AARP, escribe que cuando ella y su madre cuidaban de su padre que tenía la EA, «utilizamos música en todos los aspectos del cuidado. Yo cantaba o tocaba "En las pequeñas horas de la mañana" de Frank Sinatra para despertarlo. En vez de sentirse perdido y confundido por las mañanas, como les sucede a menudo a las personas con Alzheimer, la canción le hacía darse cuenta de dónde estaba y quiénes éramos mi madre y yo... Los clásicos de jazz como "Summertime" de George Gershwin y "Night and Day" de Cole Porter eran excelentes para ducharse, cepillarse los dientes y vestirse. Utilicé las canciones para distraerlo durante esas tareas. En las tardes, cuando a veces se produce lo que se llama "el síndrome vespertino" y los pacientes con la enfermedad de Alzheimer se ponen ansiosos o enojados, la versión de Diana Krall de "Me relaciono contigo muy bien" lo calmaba».[12]

POSIBILITAR EL AMOR POR MEDIO DE ACONSEJAR

La investigación indica que cuando un paciente con demencia y su cuidador son aconsejados juntos, los resultados son mejores para ambos. Según Mary Mittelman, una profesora investigadora de la Facultad de Medicina de la Universidad de Nueva York, cuando los cónyuges son tratados como iguales por un consejero, la comunicación entre ellos mejora porque el cónyuge sano ya no descarta al EA y el cónyuge con la EA ya no se cierra emocionalmente.[13] Esto es parte de la razón para ofrecer asesoría a los que tratan con la demencia.

---

12. Mary Ellen Geist, «The Healing Power of Music», *AARP Bulletin*, julio y agosto 2015.

13. Mary Mittelman, «NYU Caregiver/Family Counseling Intervention», discurso en la facultad de Medicina de Wake Forest, Dementia Counseling and Care Conference, Winston-Salem, NC, 8 al 10 mayo 2014.

Cuando la esposa de Ed fue diagnosticada con la EA, su búsqueda de apoyo emocional abrió sus ojos a la escasez de recursos disponibles para la mayoría de las familias. En respuesta, buscó capacitación adicional en consejería de salud mental, luego organizó un programa de consejería que satisface cuatro necesidades esenciales de los clientes: «terapia de conversación» (psicoterapia), educación (psicoeducación), edificación de relaciones y resolución de problemas. *Psicoterapia* significa hablar uno a uno con un consejero o con otros en un grupo de apoyo. Esta «terapia de conversación» ayuda a las personas a lidiar con las emociones, preocupaciones y comportamientos que surgen durante la experiencia de la enfermedad de Alzheimer. *Psicoeducación* significa educar a las personas sobre la demencia y capacitarlas para hacer frente a su situación de la mejor manera posible. Un análisis de 78 intervenciones para cuidadores de adultos mayores encontró que estas dos cosas —psicoeducación y psicoterapia— eran más eficaces de forma coherente en todos los resultados a corto plazo que se midieron.[14]

Cuando nos sentimos desconectados de los que amamos, experimentamos angustia, pánico y dolor, y naturalmente buscamos la reconexión.

EL APEGO Y LOS CINCO LENGUAJES DEL AMOR

Muchos de los retos de la relación con la EA ocurren porque la enfermedad debilita los lazos de apego entre seres queridos. Estos lazos naturales profundos de la relación comienzan en el nacimiento

14. Sylvia Sörensen et al., «How effective are interventions with caregivers? An updated meta-analysis», *Gerontologist* 42, no. 3, 2002, pp. 356-372.

y continúan a través de la vida. Cuando nos sentimos desconectados de los que amamos, experimentamos angustia, pánico y dolor, y naturalmente buscamos la reconexión. A medida que avanza la EA y los apegos entre seres queridos se debilitan, la PCD a menudo reacciona con miedo, agitación o incluso agresión. Los cuidadores pueden responderles con ira, frustración o mediante aislamiento. Esto crea división, exactamente lo contrario de lo que necesita su ser querido con demencia.

«Entender el apego es fundamental para aconsejar eficazmente a aquellos en la experiencia de la demencia», dijo Ed. (Para más información, ver «Apego» en el Apéndice B).

LA RELACIÓN ENTRE ACONSEJAR Y LOS CINCO LENGUAJES DEL AMOR

Los problemas de relaciones que llevan a la discordia entre los cónyuges, los padres y sus hijos adultos, o entre hermanos u otros miembros de la familia, están entre los retos más comunes que se ven en el Programa de Consejería de la Memoria. Para facilitar la edificación de las relaciones, Ed a menudo busca descubrir o presentar los lenguajes de amor de los que aconseja.

«Los cinco lenguajes del amor son herramientas de resolución de problemas que ayudan a los seres queridos a mantener, fortalecer o incluso restablecer la mayor conexión posible», dice Ed, «a pesar de que esta enfermedad está, utilizando la metáfora del tapiz, destejiendo implacablemente los apegos que son vitales para la identidad de uno mismo como padre, hermano, cónyuge, hijo adulto o amigo. Ayudan a edificar la intimidad relacional facilitando tanto el dar como el recibir el amor emocional».

Ed comienza el proceso de consejería escuchando a la PCD y a quien le cuida describir cómo la enfermedad ha afectado sus relaciones: individualmente, como pareja y con su familia. Esto puede requerir varias sesiones. Una vez identificados los retos relacionales, es importante que los clientes adquieran al menos una comprensión básica de los cinco lenguajes del amor para usarlos como herramientas para el crecimiento y el desarrollo de las relaciones. Si la PCD está más allá del deterioro cognitivo leve y se encuentra en la fase inicial del Alzheimer, la retención de información sobre los lenguajes del amor puede ser un reto debido a la pérdida de memoria a corto plazo. En este caso, Ed hace de manera informal un inventario del lenguaje del amor. En la conversación, intenta descubrir los lenguajes de amor primarios de los clientes antes de la demencia. ¿Cómo expresaba el PCD el amor a los demás? ¿De qué se quejaba más él o ella, revelando deseos insatisfechos? ¿Qué solicitudes hacia él o ella más a menudo de los demás? La historia de Francisco e Isabel ilustra cómo Ed ha utilizado este proceso con parejas que tienen dificultades.

Francisco fue diagnosticado con la EA en etapa inicial varios años antes de que él e Isabel fueran vistos en el programa de consejería. Para el momento en que buscaron consejo, «ya se sentían muy distanciados». Ella tomó el cuestionario de los lenguajes del amor e identificó *Tiempo de calidad* como su principal lenguaje del amor. Con su ayuda, él también tomó el cuestionario y también identificó *Tiempo de calidad* como su principal lenguaje del amor. Francisco, un introvertido a quien le gustaba leer, no sabía que Isabel, una extrovertida, se sentía cada vez más aislada, sola y sin recibir amor mientras él pasaba cada vez más tiempo de cada día leyendo y menos tiempo con ella.

Tal como Ed suele hacer cuando aconseja a parejas, les pidió a Isabel y Francisco que se miraran el uno al otro a los ojos mientras Isabel compartía sus sentimientos. Francisco admitió que no tenía ni idea que ella se había sentido así, y se disculpó con lágrimas en los ojos. Con poca memoria a corto plazo, Francisco simplemente no podía recordar ni hacer un seguimiento de cuánto (o cuán poco) tiempo pasaban juntos en un día. Con la suave facilitación de Ed, cuando Isabel aprendió a sentarse junto a Francisco mientras él leía, él aceptó con gusto unirse a Isabel en hacer sus recados o actividades en su comunidad de jubilados, y ambos comenzaron a sentirse más queridos el uno por el otro.

A diferencia de la situación de Francisco e Isabel, cuando el lenguaje primario de la PCD ha sido cambiado por la enfermedad, se produce una situación más retadora.

POSIBILITAR EL AMOR CUANDO HAN CAMBIADO LOS LENGUAJES DEL AMOR

Cuando el lenguaje de amor natural de la PCD ha cambiado debido a la progresión de la enfermedad, Ed guía al cuidador a expresar el amor usando cualquier lenguaje de amor que siga funcionando para la persona con demencia. Esta respuesta al «objetivo en movimiento» de cambiar los lenguajes del amor puede ilustrarse usando el baile como una metáfora. La pareja está bailando, la PCD lleva la iniciativa y el compañero sano adapta sus pasos según la música —la enfermedad—, por lo que requiere de manera repetida cambiar el paso y el ritmo, o para nuestros propósitos, cambiar el lenguaje del amor. Esta forma de «amarlos como están» es como Ed trabajó con Miguel, cuya esposa Alicia experimentó un cambio de lenguaje de amor (capítulo 4). Siempre es el cuidador, no la persona con la enfermedad, la que debe hacer todo el cambio y la adaptación, modificando «los pasos de la danza» metafórica de la relación amorosa.

CÓMO ENFRENTAR EL DELIRIO DE LA INFIDELIDAD

Ed utiliza a veces los lenguajes del amor para tratar los problemas de relaciones causados directamente por la enfermedad de Alzheimer. Así fue como posibilitó una solución para Alberto y Norma, una pareja que sufría por causa del delirio paranoico de la infidelidad matrimonial.

Norma, que padece de la EA, estaba plagada por el delirio de que su marido Alberto le era infiel. Aunque los delirios no suelen presentarse hasta la etapa media de la EA o más tarde, este delirio en particular había sido inusualmente destacado para Norma incluso temprano en su enfermedad. A veces estar tan solo en una reunión social con otras parejas era suficiente para provocar su sospecha de que Alberto le era infiel. Se preocupaba constantemente de que él encontrara una amante o que tal vez ya tenía una.

A medida que la enfermedad de Norma progresaba, Alberto necesitó la ayuda de una cuidadora durante el día. Un día, Norma se sintió muy angustiada cuando vio a Alberto y a la cuidadora hablando, asumiendo, por supuesto, que estaban teniendo relaciones. Alberto era, y siempre había sido, inocente de la infidelidad que Norma había imaginado durante toda su enfermedad. Pero debido a que los delirios parecen reales para la persona que los experimenta, aunque Norma y Alberto tuvieran una relación físicamente íntima, ella se sentía insegura y que no la amaba. Ningún razonamiento o explicación de Alberto podía consolarla. Esa fue una cuestión de crisis que los llevó a Ed para asesoramiento.

Aunque el pensamiento delirante de Norma estaba generado por su demencia, su sentimiento de que Alberto no la amaba no era del todo sin razón, como Ed descubrió.

«Lo que llegué a saber por mis reuniones con Norma fue que las *Palabras de afirmación* eran lo más importante para ella y todos los demás lenguajes del amor eran secundarios», dijo Ed. Él reconoció que el delirio de la infidelidad de Norma se agravó debido a que su depósito emocional estaba vacío. Después de que ella y su esposo tenían relaciones físicas íntimas, Ed dice: «Alberto se levantaba de la cama y se iba a hacer la siguiente tarea en su lista sin decirle a ella nada». Ed añade: «Norma tenía un montón de cálidas emociones de su tiempo juntos, pero no recibía ninguna afirmación verbal de Alberto durante o después de hacer el amor. Ella llegó a la conclusión de que en realidad no la amaba porque simplemente se alejaba». Ed vio que «esto realmente la dejó a ella con lo que, en cierto sentido, era una herida emocional abierta, la sensación de que ella y Alberto estaban desapegados».

«La manera de curar esa herida», indica Ed, «era ayudar a Alberto a entender que Norma necesitaba oír que la amaba, y que ella necesitaba escucharlo en el contexto de hacer el amor. Él era completamente ajeno al hecho de que ella se sentía de esta manera y estaba claro que él no entendía su lenguaje del amor. Ed explica: «El asesoramiento hizo consciente a Alberto, en primer lugar, de lo que es un lenguaje del amor y luego, lo que era el lenguaje primario del amor de Norma, y cómo podía él "hablarlo" en sus relaciones».

«Eso realmente les ayudó», dice Ed. «Esto dejó de ser un problema para ellos porque Alberto se volvió muy intencional sobre la forma en que expresaba amor a Norma, entendiendo que ella necesitaba acurrucarse *con las palabras, «te quiero»*, durante y después de hacer el amor. También comenzó a afirmarla verbalmente en el tiempo en que no hacían el amor».

POSIBILITAR LA UNIDAD

Ya que muchos cuidadores no tienen acceso al asesoramiento específico sobre la demencia, nos gustaría hablar aquí de una estrategia para tratar el pensamiento delirante, la agitación y otros comportamientos negativos. Esta estrategia, que Ed llama *Reconocer, Afirmar, Redirigir*, es un enfoque sencillo de tres pasos que ofrece a los cuidadores una forma de diluir problemas con probabilidad de convertirse en volátiles, como el delirio de infidelidad de Norma. Así es como funciona:

En un hipotético escenario similar al anterior, Daniel, el paciente con la EA, acusa a su esposa María de infidelidad. Ella, sintiéndose herida, le ataca: «¿Cómo puedes decir que te engaño? ¡Eso me ofende mucho! Te he sido fiel durante 50 años y piensas que te engañaría… ¡Ni siquiera puedo estar en la misma habitación contigo!». Pero si María, reconociendo que *es en realidad la enfermedad quien habla*, tomara un momento para componerse y podría en su lugar:

> **Reconocer:** «Daniel, te escuché decir que estás preocupado porque estoy viendo a otra persona».
>
> **Afirmar:** «Déjame decirte, para tranquilizarte, que llevamos casados 50 años. Te he sido fiel durante 50 años y nada en el mundo va a cambiar eso».
>
> **Redirigir:** «Así que vamos a sentarnos juntos en el sofá, encender la televisión y disfrutar juntos de un café».

RESPUESTAS ALTERNATIVAS

Reconocer, Afirmar, Redirigir resultan aún más eficaces cuando incorporamos los lenguajes del amor en las secciones de «afirmar» y «redirigir». Por ejemplo, si María sabe que Daniel es más sensible al lenguaje del amor de los *Regalos*, ella podría extender su mano, mostrar su anillo de bodas y decir: «Mira mi anillo de bodas, Daniel. Tú me lo diste. Es un regalo precioso. Nunca te voy a engañar».

Si Daniel responde mejor al *Contacto físico*, María podría tomar su mano, acariciar su mejilla o incluso abrazarlo mientras le habla. Si el lenguaje del amor de Daniel son *Palabras de afirmación*, María podría tranquilizarle como en los ejemplos anteriores, agregando comentarios como: «Hice un voto contigo y cuando dijimos "hasta que la muerte nos separe", lo dije en serio. Nunca querría estar con nadie más que tú». Si Daniel responde mejor a *Tiempo de calidad*, la acción de redirigir de María mencionada antes es un buen ejemplo.

Ella desactiva la situación con una sugerencia para pasar un tiempo de calidad juntos, sentándose a ver la televisión y disfrutar de un café.

Otras formas de redirigir podrían ser:

> ***Palabras de afirmación:*** «Vamos a sacar nuestro álbum de bodas y te voy a leer los votos que nos hicimos el uno al otro».
>
> ***Regalos:*** «¿Por qué no usamos esa tarjeta de regalos que nos dieron los hijos para nuestro aniversario y nos vamos a cenar tú y yo solitos?».
>
> ***Contacto físico:*** «¿Qué te parece si te sientas en su sillón favorito y yo te doy un masaje en los pies?».
>
> ***Música:*** Empieza a entonar un canto que tiene significado especial para la persona con demencia o para la relación matrimonial.

POSIBILITAR LA RECONEXIÓN

Volvamos ahora a la historia de Miguel y Alicia. Después del diagnóstico de deterioro cognitivo leve de Alicia, las tareas domésticas y la cocina se hicieron cada vez más difíciles para ella, por lo que Miguel se hizo cargo de la mayoría de esas responsabilidades. Debido a que el lenguaje primario del amor de Alicia era *Actos de servicio*, hacer esas tareas había sido muy significativo para ella y las echaba de menos. Con el abismo emocional ensanchándose entre ella y Miguel, y la pérdida creciente de esas actividades significativas, Alicia se deprimió. Cuando el dolor emocional se hizo demasiado grande, buscaron ayuda.

Tal como recordarás, a medida que la cognición de Alicia cambió con el tiempo, también lo hizo su lenguaje del amor. Ahora que el *Contacto físico* había llegado a ser más importante para ella que los *Actos del servicio*, Ed consideró el *Contacto físico* como la manera de posibilitar su reconexión.

De hecho, el contacto se convirtió en el «apego emocional» que los reconectó entre sí. A medida que la pareja completó la tarea que Ed les había asignado en una serie de citas de consejería, Miguel de nuevo se acercó a Alicia. Utilizando su propio lenguaje del amor natural primario del contacto, él extendió su mano para tomar la suya, se sentó a su lado y puso su brazo alrededor de ella. Alicia recuperó la confianza en el amor de Miguel; su depresión se alivió. Cuando la pareja regresó para otra visita de seguimiento, Miguel le dijo a Ed: «Nuestra relación sigue mejorando. Ahora cuando nos vamos a dormir, estamos muy juntos en la cama, mirándonos el uno al otro. Nos tomamos de la mano a todo lugar donde vamos. Hemos aprendido que nos mantenemos el uno al otro, no solo para estabilizarnos, y al estar ambos más estables en nuestros pies, también lo estamos emocionalmente».

Al reflexionar sobre ese momento con ellos, Ed afirmó: «Fue dulce».

POSIBILITAR LAS CUESTIONES FAMILIARES

Cuando las PCD niegan su enfermedad

Algunos individuos afirmarán, con sinceridad y vigor, que no tienen demencia. Tomás declara: «¡No hay nada malo en mi cerebro! No entiendo por qué los médicos se sienten obligados a darme algún tipo de diagnóstico cuando de vez en cuando olvido el nombre de alguien. ¡Pensé que eso era normal para alguien con 68 años!».

Aunque muy frustrante para todos los interesados, una de dos cosas explica, por lo general, una reacción como la de Tomás. La demencia a menudo afecta la parte del cerebro que nos da discernimiento, la capacidad de entender una situación o condición. La falta de discernimiento explica por qué algunos con demencia no están tristes o enojados por ello. Para otros, el discernimiento se conserva, por lo que muchos con la enfermedad *están* deprimidos, ansiosos o enojados, ya que se dan cuenta de lo que su cerebro no puede hacer más. Alternativamente, la persona con demencia también podría estar en negación. Negar una realidad dolorosa es una forma de enterrar la situación en el inconsciente de la mente.

Al comprender el «por qué» detrás de la declaración de Tomás, su esposa puede responder de una manera veraz pero amorosa: «Lo siento, cariño. Debe ser frustrante que te digan que tienes Alzheimer cuando no te ves a ti mismo diferente. Esta prueba la vamos a pasar juntos». Ed aconseja a los pacientes y a las familias que no eviten decir la «palabra D» (demencia) o la «palabra A» (enfermedad de Alzheimer). Decir estas palabras enseña a las personas que pueden expresar abiertamente sus emociones sobre la enfermedad.

¿Por qué debo visitarla si ella no me recuerda?

En una sesión de consejería familiar, una hija de 28 años de edad, cuya madre tiene un inicio temprano de la enfermedad de Alzheimer y está en una unidad de cuidado de la memoria (un centro de asistencia vigilada) le dijo a su padre con lágrimas: «¿Por qué importa que visite a mamá? Ella no recordará que estuve allí y, además, ya ni siquiera sabe quién soy».

Ed responde a esta pregunta frecuente, reconociendo primero los sentimientos involucrados. Les dice a las familias: «Tan solo entrar en un centro de cuidado a largo plazo es difícil. Lo que se ve y se huele pueden causarnos sentimientos de culpa por haber llevado allí a nuestro ser querido, y temores sobre lo que nuestro propio futuro puede traernos». A continuación, comparte la idea de *hesed*, el amor intencional: visitamos porque es lo amoroso que debemos hacer. Él les dice a los miembros de la familia: «A pesar de que la persona con demencia probablemente no será capaz de recordar quién eres o cómo te conocen, son plenamente capaces de recibir tu amor. Simplemente decidiendo visitarla, le has dado el don de tu tiempo».

Él da estos consejos:

- Siéntate lo más cerca posible de tu ser querido.
- Tómale de la mano o pon tu brazo de forma suave alrededor de su hombro o codo.
- Haz contacto visual. Los seres humanos comunican confianza y seguridad cuando se miran el uno al otro.
- Habla acerca de fotos antiguas o de experiencias familiares. La mayoría de las personas incluso con demencia avanzada retiene alguna forma de conexión con el pasado, por lo que las reminiscencias pueden afirmarlas.

Ed les recuerda: «Incluso si no recibes respuesta, recuerda que un ser querido con demencia, como cualquier otro ser humano, necesita conexión emocional. Recuerda también que una visita no es solo para la persona con demencia; es también para el visitante. Al final de la experiencia, cada uno de nosotros que ha sido parte de la vida de un ser querido con demencia quiere mirar hacia atrás y sentir que hemos hecho lo mejor que pudimos por ellos».

Posibilitar la decisión de llevar al ser querido a un lugar para cuidado a largo plazo

Arturo y Delia habían disfrutado de 40 años de matrimonio y criaron a tres hijos. Delia, una maestra de escuela primaria que una vez fue reconocida como Maestra del Año, comenzó a tener problemas de memoria que eran evidentes para sus estudiantes y para sus colegas. El director de la escuela expresó su preocupación por su capacidad para continuar en el aula. Tanto Arturo como Delia se sorprendieron cuando Delia, de 62 años, fue diagnosticada con el inicio precoz de la enfermedad de Alzheimer. En un año después de su jubilación, la memoria a corto plazo de Delia había desaparecido. No podía hablar inteligiblemente y se perdía caminando por el barrio. Necesitaba ayuda para vestirse y tenía accidentes de orina día y noche. Cuando Arturo intentó ayudar a Delia para limpiarla y cambiar sus ropas, ella se volvió verbalmente abusiva y físicamente agresiva. Que su marido le pusiera a ella un pañal para adultos era más de lo que su dignidad podía aceptar.

Cuando Arturo nos contó su experiencia en su primera cita de asesoramiento, se preguntaba cómo podría seguir cuidando a Delia en casa. Estaba dispuesto a hacerlo por amor a ella, pero también quería preservar su dignidad. Arturo había contratado a una cuidadora a tiempo parcial, pero como ella no estaba allí las 24 horas del día, 7 días a la semana, Arturo todavía tenía que lidiar con las necesidades de higiene de Delia, y su resistencia empeoraba. Con lágrimas, Arturo le dijo a Ed: «Siento que es mi deber mantener a Delia en casa. Tendría tantos sentimientos de culpa si la llevo a una residencia que no sé si podría vivir conmigo mismo. Tenemos un seguro de cuidado a largo plazo, pero no cubrirá a los cuidadores las 24 horas del día, lo que me dijo una agencia que costaría 14.000 dólares al mes. Mis hijos piensan que Delia debe ir a la unidad de cuidado de la memoria en un centro a solo cinco kilómetros de la casa. Están preocupados por las consecuencias que el cuidado a tiempo completo está trayendo sobre mí».

En la experiencia con la enfermedad de Alzheimer, una de las decisiones más difíciles que enfrentan las familias es la decisión sobre si llevar o no al enfermo a un centro de cuidados a largo plazo. Muchos sienten que llevar a su ser querido a un centro así equivale a abandonarlo. Hay muchas razones para considerar llevarlo a una de estas residencias, pero la mayoría de las familias se enfrenta a esta decisión porque su ser querido ha llegado a la etapa en la que se necesita ayuda con el aseo, el baño y el vestirse o no hay recursos financieros suficientes para contratar a cuidadores remunerados.

La consejería familiar es la manera más útil para posibilitar el diálogo y la toma de decisiones que tienen que ver con el tema de llevar al enfermo a un centro especializado. La sesión familiar inicial, dirigida por el médico o el proveedor de salud mental implicado, incluye por lo general al cónyuge y los hijos adultos, pero no a la PCD. Si uno o más hijos adultos viven fuera de la ciudad, pueden ser incluidos por teléfono o vía Skype.

Ed facilitó una reunión familiar para Arturo y sus hijos. Después de esta reunión, la familia decidió trasladar a Delia a una unidad de cuidado de la memoria en su ciudad. Ed se reunió con Arturo un año después. Arturo explica: «Estaba lleno de incertidumbre y de culpa por la decisión. Justo después de la mudanza, estaba muy entristecido por no compartir una cama con Delia, por no tenerla en la casa, sabiendo que ella nunca volvería. Pero se hizo evidente muy pronto que el nuevo ambiente de Delia era lo mejor para ella. Toda la agitación que tenía en reacción a mí desapareció. He aprendido que una visita de una hora, la mayoría de los días de la semana, es lo mejor para los dos. Nos abrazamos, nos besamos y tocamos viejas canciones que tanto nos gustan. A veces incluso bailamos. Nuestro tiempo como matrimonio ahora es tiempo de calidad. Una de nuestras cosas favoritas es el tiempo de la siesta. Delia apoya su cabeza en mi hombro; yo tomo su mano y le digo: "Soy tu marido; tú eres mi esposa, y vamos a pasar el resto de nuestras vidas juntos", y se queda dormida. En retrospectiva, me doy cuenta de que no había aceptado completamente el diagnóstico de Delia, y la frustración y el enojo que sentía por dentro se transmitían a Delia en mis cuidados. Ahora he aceptado que ella tiene Alzheimer y el sentimiento de culpa ha desaparecido. Sé que está recibiendo el mejor cuidado posible».

LA AGENDA PARA UNA REUNIÓN DE FAMILIA GENERALMENTE INCLUYE:

1. Un resumen de dónde está el paciente actualmente en su experiencia con la demencia y hacia dónde se dirige a continuación. Una ayuda visual que muestra las etapas de la enfermedad de Alzheimer (ver el capítulo 4) ayuda a establecer una cronología.
2. Una discusión del diagnóstico, pronóstico y necesidades de cuidado, con la oportunidad de que cada miembro de la familia exprese sus sentimientos, permitiendo que el cónyuge hable primero.
3. Hablar sobre las opciones disponibles, tales como mantener al ser querido en casa frente a llevarlo a una residencia, anotando ventajas y desventajas, no solo para la PCD, sino también para cada miembro de la familia involucrado en su cuidado.
4. Un diálogo abierto sobre cómo mantenerse conectado y cómo amar mejor al miembro de la familia con demencia, sin importar qué decisión se tome sobre dónde vivirá.

6

Historias de *hesed**

El amor «todo lo sufre, todo lo cree, todo lo espera, todo lo soporta».
—1 Corintios 13:7

LA HISTORIA DE JUAN: «ELLA ESTABA ATERRORIZADA»

EL TAPIZ DE UNA RELACIÓN matrimonial no se desteje de la noche a la mañana. Se va destejiendo poco a poco, tal como fue tejido, con una conversación y una experiencia a la vez. Y como Juan puede dar fe, el destejerse puede ser tan desconcertante como inexplicable.

Juan conoció a Daniela en 1986, cuando entró a laborar en la fábrica donde ella trabajaba. Juan pensó que Daniela era «la mujer más guapa que jamás había visto». Estaba cautivado por su sonrisa y sus «increíbles ojos azules». A medida que fue conociéndola, quedó aún más impresionado por «lo humilde que era y lo servicial que era con todos». Más que todo, dijo, fue «su personalidad bondadosa lo que llamó mi atención».

A sus 29 años, Daniela era ocho años y medio mayor que Juan. Sin embargo, no les importaba la diferencia de edad, y después de salir juntos durante dos años, se casaron. Daniela era introvertida y tranquila. Juan era extrovertido, siempre dispuesto a salir con cualquiera y pasarlo bien. Su combinación de personalidades funcionó bien,

> **Hesed*: Palabra hebrea que combina amor y lealtad. No es solo un sentimiento sino también una acción. *Hesed* es amor intencional y misericordioso que interviene a favor del ser amado y acude a rescatarlo.

y en los primeros años de su matrimonio, él dice: «Éramos los mejores amigos haciendo todo juntos». Entonces, inexplicablemente, cuando ella tenía 46 años de edad, comenzó a cambiar.

Juan recuerda el día en que notó por primera vez que algo andaba mal.

«Siempre hacíamos nuestra declaración de impuestos», dice. «Un día llegué a casa del trabajo y Daniela estaba sobre la cama con documentos fiscales y recibos por todas partes, y llorando».

—¿Qué pasa, cariño? —pregunté.

—No puedo hacerlo —afirmó entre lágrimas—. ¿Qué pasa conmigo? No puedo hacerlo.

Aún más inquietante, Juan empezó a notar que Daniela, la tranquila e introvertida, se estaba transformando en una mujer desafiante y argumentativa que él apenas reconocía. Ella gritaba: «*¡Tú no me vas a obligar a hacer esto!*». «Ese tipo de actitud», recuerda Juan, «era agresión verbal». Él estaba desconcertado. Antes de eso, «estábamos de acuerdo en casi todo». Lo peor de todo es que «Juan, el extrovertido» ahora se encontraba casado con Daniela la reclusa.

«Ella quería quedarse en casa y que *yo* no fuera a ninguna parte. Eso era lo más grande sobre lo que solíamos discutir. Llegamos al punto en que ella no quería que ni siquiera fuéramos al supermercado. No quería que hiciéramos *nada*. Ella nos encerraba en nuestra habitación. Tomaba el cable de un calentador eléctrico y lo enrollaba alrededor de las manijas de las puertas y cerraba la puerta. Había puesto protección en las ventanas. Cerraba la puerta del armario y la del baño. Luego se acurrucaba en la cama. Es triste, pero estaba aterrorizada».

Juan y Daniela buscaron ayuda, pero en vano. Durante un período de años, se acumuló una lista de posibles diagnósticos: depresión, menopausia, estrés, trastorno de estrés postraumático, bajo nivel de sodio, pseudodemencia, problemas hormonales, «ella se está enfermando a sí misma» y lo peor de todo, «no había nada mal en ella». Mientras tanto, dice Juan, «su actitud y su reclusión empeoraban. Nunca quería salir de nuestro dormitorio».

Finalmente, él se hartó. Recuerda que pensó: *Si los médicos dicen que ella está bien y las medicinas no están ayudando, entonces no quiero ser parte de esto.*

«Su comportamiento me hacía perder la vida», dijo. «A mis treinta y tantos años, no quería vivir encerrado en una casa, y no ver a nadie ni hacer nada. Me estaba volviendo loco. Así que le dije: "Me voy, no quiero seguir viviendo así" y me marché de la casa».

Juan iba con regularidad a ver a Daniela y cortaba el césped para ella, pero permanecieron separados hasta que un día, más de un año después, finalmente supo la causa de los cambios de comportamiento inexplicables de Daniela. Cuando ella tenía 52 años, unos exámenes médicos finalmente revelaron el verdadero diagnóstico de Daniela: padecía un inicio precoz de la enfermedad de Alzheimer, ahora en etapa avanzada. Con ese diagnóstico devastador vino un cambio de corazón en Juan. Regresó a casa con Daniela porque ahora comprendía que sus comportamientos perturbadores no eran realmente «ella», sino la enfermedad que se estaba apoderando de ella. Él afirma: «Volví porque me di cuenta de lo que ella estaba pasando y lo que estaba a punto de pasar. Daniela lo llevaba en sus ojos y pude verlo: estaba aterrorizada. Así que pensé: *Ella necesita un poco de apoyo y fortaleza y voy a estar allí para ella*».

Juan ve ahora con pesar los años que precedieron al diagnóstico de Daniela. «Hubo algunas veces en esos años en las que no fui amoroso. Fui odioso y muy egoísta», admite. Sin embargo, su decisión de regresar con Daniela fue lo opuesto al egoísmo; marcó el comienzo de un derramamiento de amor *hesed* sobre ella que ha continuado desde la primavera de 2012 hasta el presente. Hoy día, los que conocen a Juan quedan inspirados por su cuidado compasivo de Daniela y sus constantes expresiones de amor hacia ella. Él es un modelo a seguir para un cuidado cariñoso y desinteresado.

«La compasión es probablemente lo que más ha crecido en mí por lo que Daniela está sufriendo», destaca. «Si hubiera alguna manera mediante la cual yo pudiera quitar esa enfermedad de ella, lo haría».

LA HISTORIA DE SANDRA: «NO VOY A PERMITIRLES QUE LO TRATEN DE ESA MANERA»

«El trabajo siempre ha sido una parte importante en mi vida», nos dice Sandra. Treinta años antes, una oferta de trabajo de una gran empresa la había llevado a la ciudad donde conoció a Aarón, «un buen chico judío». Descubrieron que ambos habían crecido en lugares de viñedos y que también compartían el mismo gusto por las películas extranjeras, viajar y el arte. Se casaron y tuvieron un hijo, Joel, y una hija, Patricia.

«Teníamos un tipo bastante moderno de matrimonio independiente», afirma Sandra. «Yo me ocupaba de mis asuntos y él de los suyos». A lo largo de su matrimonio, aunque Sandra se mantuvo apasionada por su carrera, los intereses comunes que compartía con Aarón crearon muchas oportunidades para pasar tiempo de calidad juntos. La vida era buena.

Cuando Aarón tenía 55 años, Sandra se dio cuenta de que algo en él había cambiado. Su conjetura fue que era el trastorno de déficit de atención de adultos y ella lo animó a ver a un médico. «Pensé que eso me serviría para enterarme de qué píldora estaba tomando», expresa, «pero una cita llevó a otra». Ella se preguntaba: «¿Para qué son todas esas pruebas?».

El problema de Aarón fue empeorando y sea cual fuere, comenzó a crear tensión en el matrimonio. Sandra recuerda: «Fue un momento difícil. Había fricción. Había tensión. Pero realmente no entendíamos que era algo médico. Había una separación consciente. Creo que por su parte era porque él no podía pensar, y por la mía, porque estaba decepcionada con nuestras interacciones. Nos habíamos metido cada cual en nuestro rincón. Fue deliberado de mi parte. Sentí que su mundo era muy estrecho. Pensé que debía dejarlo».

Nosotros le preguntamos: «Entonces, ¿qué te hacía quedarte?».

Ella respondió: «Probablemente los hijos».

Joel y Patricia, afirma ella, también se dieron cuenta de que algo estaba pasando. «Su papá no fue capaz de anotar un gol cuando lo marcaron en el fútbol. Él estaba allí, sentado al margen, incapaz de celebrarlo realmente, pero ninguno de nosotros sabía por qué», dice ella.

Sin saberlo Sandra, Aarón también estaba experimentando serias dificultades en el trabajo. No podía recordar su contraseña de la computadora. Le estaban asignando tareas más sencillas. Sandra más tarde supo que sus compañeros de trabajo le estaban ayudando y cubriéndolo. Finalmente, el empleador de Aarón le presentó que decidiera entre renunciar o ser despedido. A los 57 años, después de más de 30 años en la misma empresa, renunció, estando aún sin saber cuál era su diagnóstico. No mucho después, aproximadamente dos años desde que Sandra le viera por primera vez tomarse una píldora para el trastorno de déficit de atención de adultos, llegó el diagnóstico: inicio precoz de la enfermedad de Alzheimer.

Sandra admite: «Al principio, me lo pasé rabiando y pataleando como cuidadora. Aquello no era mi forma de funcionar, yo no soy una persona cariñosa y expresiva. Por tanto, cuando recibimos el diagnóstico, me puse a buscar por todas partes lugares que pudieran cuidar de él o grupos de apoyo a los que pudiéramos ir los dos.

Aquello fue agotador. Estaba estresada. Yo quería sobre todo volver a poner mi carrera en marcha. No estoy orgullosa de ello; lo digo solo para explicar cómo estaba al principio como cuidadora».

Entonces algo muy inesperado cambió la actitud de Sandra.

Semanas más tarde, para aliviar el estrés de cuidar del enfermo, Sandra hizo una escapada de fin de semana a Nueva York para darse un respiro. Dejó a Aarón en casa bajo el cuidado de cuidadores profesionales masculinos que trabajaban en turnos. Cuando Aarón se despertó después de una siesta, dos cuidadores estaban presentes y en un estado de confusión, golpeó a uno de ellos. No cesaba de golpear, por lo que pidieron ayuda, lo que resultó en su traslado a la sala de emergencia de un hospital. En el hospital, las cosas fueron de mal en peor. Golpeó a una enfermera y lo sometieron a restricciones. Cuando él se quitó las restricciones, tuvo que intervenir el personal de seguridad. Aarón de alguna manera terminó con un ojo amoratado y un brazo lesionado.

El personal del hospital avisó a Sandra y ella llegó allí unas horas más tarde. El médico de turno la instó a que internara a Aarón, pero no podía decir adónde lo llevarían. En ese momento, Sandra dice: «Quedó muy claro para mí que el resto del mundo no iba a cuidarlo. Él estaba apartándose de la realidad. Lo halé literalmente y me lo llevé a casa. El médico temía que se comportara de forma violenta. Yo no sabía lo que tenía en mis manos. Solo sabía que lo que estaba sucediendo en la sala de emergencias era insostenible».

Esa experiencia, afirma Sandra, «fue un momento decisivo para mí. Pasé de ser una cuidadora renuente a dedicarme a tiempo completo a la tarea. Cerramos filas a su alrededor. Aarón estaba física y mentalmente herido y me convertí en su protectora inflexible. Me involucré totalmente de una manera muy deliberada: "No vas a hacerle eso a él. No voy a permitirles que lo traten así". En esta crisis aprendí cuánto lo amaba», afirma. «Me volví instintiva en la dedicación a su cuidado total, completamente enfocada en tratar de conseguir que volviera a una situación más estable».

Aarón vivió solo setenta días después del incidente en el hospital. Durante esas diez semanas, a pesar de su declive inusualmente rápido, el apasionado enfoque de dedicación total de Sandra permitió que su amor se reavivara sorprendente y maravillosamente. Ella se acercó a Aarón usando los cinco lenguajes del amor durante ese tiempo.

«Nunca nos habíamos dado muchos regalos», expresa ella, «pero yo diría que mi regalo para él después de la crisis fue tiempo y un enfoque singular». En casa, Sandra se sentaba con él y veían juntos la televisión. Fuera de su casa, ella se centró intencionalmente en todo lo que ellos habían disfrutado desde el comienzo de su relación.

«Continuamos haciendo todo lo que pudimos, haciendo las cosas que nos gustaba hacer. Lo llevé a viñedos probablemente del pasado donde las personas se habrían sentido cómodas. Fuimos a ver una película, y esa película en particular era incómoda, pero continué con nuestro *Tiempo de calidad* hasta el final. Porque incluso si había cosas incómodas o extrañas, lo positivo superó a lo negativo. Antes de la crisis, no había muchas *Palabras de afirmación*. Al final, cuando carecía de capacidades, por la mañana, si él se metía en el baño, yo decía: "¡Eso es fantástico!". Era como educar a un niño de 18 meses, y en su mundo de 18 meses, yo estaba afirmándole. Él se encontraba en un espacio muy diferente de su plena masculinidad. A veces decía: "No me hables de eso". No estaba contento de recibir la afirmación en el nivel en que estaba, pero otras veces decía: "Sí, esto es estupendo. Lo hice muy bien"».

Ella explica: «El *Contacto físico* lo reiniciamos después de la crisis. Luego de dejar la sala de emergencias en tan baja forma física, necesitaba mi mano para estabilizarse y para su tranquilidad, y el contacto se convirtió en un conector muy fuerte. Tenemos un auto convertible y yo lo llevaba en largos paseos y nos tomábamos de la mano, cosa que no habíamos hecho en años. Fue capaz de hablar hasta el final. Pero no había necesidad de que hablara porque era solo un tipo de paseo sin trabas. El contacto también se hizo importante cuando veíamos películas; él estaba feliz allí sentado tomados de la mano. Después de la experiencia del hospital, tuvo problemas con el sueño. Así que me acostaba con él y le sostenía la mano, cosa que no había hecho antes. Estaba muy contento cuando le tomaba de la mano. Fue capaz de decirme en varias ocasiones cuán agradecido estaba. Eso no era lo típico. Sucedió a menudo cuando estaba sosteniendo su mano y lo acompañaba al baño y hacia el inodoro. Comprendió que yo era el vínculo para que él pudiera funcionar y sobrevivir. Él expresó: "Gracias, te amo. Eres lo mejor que tengo". Y era cuando estábamos tomados de la mano, por lo general en el camino a llevarlo donde él necesitaba ir, que expresaba esas palabras. La noche antes de morir, me dijo que me amaba. Habíamos estado la mayoría del tiempo tomados de la mano durante dos horas. Y creo que de alguna manera sabía que ya no le quedaba mucho tiempo en este mundo. Dijo que me quería y me besó en los labios, cosa que no era habitual».

Mirando en retrospectiva, Sandra dice: «Con todo lo horrible que fue la experiencia en la sala de emergencias, nos dio la oportunidad de crear una conexión de amor que no había sido tan fuerte antes de esa crisis».

LA EMPATÍA DE *HESED*

Durante mucho tiempo, ni Juan ni Sandra pudieron comprender la razón de la extraña y dañina conducta de sus cónyuges. Ambos llegaron a la conclusión de que sus matrimonios estaban condenados. Juan realmente se marchó y Sandra contemplaba su salida. Lo que llevó a Juan de vuelta y lo que evitó que Sandra se marchara fue su compasiva comprensión de que sus esposos estaban indefensos en la agonía de la enfermedad que se había apoderado de sus vidas.

En *Los 5 lenguajes del amor*, Gary escribe: «Dar ánimo requiere empatía y ver el mundo desde la perspectiva de su cónyuge».[1] Para Juan y Sandra, ver de repente el mundo desde la perspectiva de su cónyuge fue un despertar que cambió sus actitudes. Ambos decidieron permanecer casados y apoyar con cariño a sus cónyuges mientras ellos pasaban por su experiencia con la demencia. Como Gary escribe: «el amor siempre es una decisión».[2] Tanto Juan como Sandra dieron un giro de 180 grados porque eligieron amar desinteresadamente: *hesed*.

LA HISTORIA DE JONATÁN: «¿QUIÉN ES ESE HOMBRE EN EL AUTO?»

Demencia con cuerpos de Lewy (DCL)

Acerca de la demencia con cuerpos de Lewy:[3] *Hasta ahora, nos hemos centrado sobre todo en la enfermedad de Alzheimer porque, como mencionamos en el capítulo 1, es el tipo más común de demencia, que representa del 60 al 80 por ciento de todos los casos de demencia. Mucha menos gente ha oído hablar de la demencia con cuerpos de Lewy (DCL), el tercer tipo más común de demencia, que afecta entre 1 y 1.4 millones de personas en los Estados Unidos. (La segunda es la demencia vascular, generalmente causada por derrames cerebrales).*

DCL es una expresión genérica para varias formas de demencia que resultan de la presencia de cuerpos de Lewy (depósitos de proteínas anormales) en el cerebro. Más hombres que mujeres padecen DCL. Debido a que la DCL no es tan común como el Alzheimer, los pacientes con DCL, los cuidadores y los miembros de la familia a menudo tienen dificultades

1. Gary Chapman, *The 5 Love Languages®: The Secret to Love that Lasts* (Chicago: Northfield Publishing, 2010), p. 40. Publicado en español por Editorial Unilit con el título *Los 5 lenguajes del amor: El secreto del amor que perdura.*
2. Ibíd., p. 44.
3. Mayo Clinic, «Lewy body dementia», http://www.mayoclinic.org/diseases-conditions/lewy-body-dementia/basics/definition/con-20025038.

para obtener un diagnóstico preciso y encontrar grupos de apoyo. (Para obtener más información sobre la DCL, consulte «Demencias que no son Alzheimer» en el Apéndice B).

Jonatán y Susana se conocieron en 1969, cuando ambos eran estudiantes universitarios. Se habían visto en fiestas de estudiantes, pero no se habían relacionado. Jonatán dice: «Resultó que estábamos viviendo en el mismo edificio de apartamentos. Ella estaba en el tercer piso y yo, en el segundo». Descubrieron que vivían en el mismo edificio un cálido día de verano cuando Susana estaba sacando la basura. Jonatán recuerda: «Ella estaba bajando su bolsa de basura a través de la escalera posterior y fue un poco divertido. Iba vestida con una camiseta y pantalones cortos y llevaba la bolsa delante de ella. Cuando la vi descender las escaleras, lo único que vi eran bracitos de piel desnuda y piernas de piel desnuda. Y sus ojos. Ella era hermosa. Pensé: *Hombre, esa sí que es una chica atractiva*. Ella me vio y dijo: "Hola". Me di cuenta de que la había visto en las fiestas y así empezamos a vernos y salir juntos».

Él afirma: «Nos gustamos y nos enamoramos desde el principio. Ella era para mí sencillamente mi perfecta media naranja. Era muy activa, le encantaba explorar y era creativa. Hemos tenido este romanticismo entre nosotros toda nuestra vida juntos, antes del matrimonio y después».

Después de la universidad, se casaron, tuvieron dos hijos y disfrutaron de carreras exitosas, lo que les llevó a tres ciudades diferentes durante el curso de su matrimonio. «En todos los lugares donde nos mudamos y vivimos», afirma Jonatán, «Susana formaba algún tipo de grupo para fiestas. Siempre había alguna actividad en nuestra casa. Le gustaba vestirse con disfraces y vestir a los niños. Las fiestas para los niños eran muy divertidas. Y había fiestas espontáneas. Éramos un imán para otras parejas como nosotros. Siempre tuvimos un grupo de personas que disfrutaban de juegos de mesa, pasatiempos, acertijos, fiestas, todo ese tipo de cosas. Nosotros los buscábamos, pero también nos buscaban a nosotros. La vida fue maravillosa porque la personalidad de Susana era tan complementaria a la mía. Disfrutamos tanto de nuestra mutua compañía que tendíamos a hacer muchas cosas juntos. Teníamos nuestra vida profesional separadas, ella en la enseñanza y yo en mi trabajo, que implicaba algunos viajes. Pero cuando estábamos en la casa, cuidar del jardín, la cocina, las noches, ese era nuestro tiempo. Fue de verdad muy bueno. Fue una vida maravillosa».

En 2009, Jonatán comenzó a notar ciertas rarezas en el comportamiento de Susana. Él explica: «Ella me pedía café cuando la taza con café estaba justo enfrente de ella. Yo se lo señalaba y ella decía: "Ah" y entonces la miraba. Se la veía confundida sobre cosas muy simples como obtener cubitos de hielo en la puerta de la nevera; olvidaba que tienes que empujar, no puedes quedarte simplemente allí sosteniendo tu vaso vacío».

Él sabía que Susana estaba experimentando lo que ella pensaba eran ataques de ansiedad y que había buscado tratamiento con un psiquiatra. Lo que él no sabía era «que había dejado de conducir», dice. «Ella iba caminando a todas partes durante el día mientras yo estaba en el trabajo».

En 2010, Susana, una fotógrafa experta, empezó a hacer preguntas a otros miembros del club de fotografía que ellos encontraron preocupantes. Uno de ellos le preguntó a Jonatán: «¿Está bien Susana? Ella está actuando como si no entendiera su cámara». Jonatán respondió: «También he notado que ella no podía abrocharse correctamente. Y si yo sostenía una chaqueta para ella, ella encontraba una manga, pero sin importar lo que yo hiciera, ella no podía encontrar la otra. De modo que le pedía que extendiera sus dos brazos hacia atrás y yo deslizaba ambas mangas al mismo tiempo. La capacidad de hacer tareas secuenciales fue lo siguiente que perdió: la habilidad de hacer los pasos 1, 2 y 3. Esto me preocupaba».

El suceso decisivo ocurrió en julio de 2011. «Susana se fue a un crucero con cinco de sus amigas de la infancia que se reunían anualmente. Pensé que si había algo que pudiera ayudarla, serían esas cinco amigas», dice Jonatán. «Mientras estaban en alta mar recibí un mensaje desde el barco. Sus amigas estaban preocupadas porque de repente dejó de reconocerlas. Ella se había estado mostrado ansiosa y cautelosa y, finalmente, le dijo a una de ellas: "¿Tú quién eres y qué estamos haciendo aquí?"».

Jonatán le contó al psiquiatra de Susana el incidente del crucero. Él médico le ordenó una serie de pruebas que, según Jonatán, «demostraron deterioro en muchas áreas». El psicólogo que hizo las pruebas usó las palabras «severamente dañado», y le dijo a Jonatán: «No deje a su esposa sola en casa». En septiembre, a los 61 años, Susana fue diagnosticada con demencia de cuerpos de Lewy. Jonatán se jubiló inmediatamente de su trabajo y dedicó toda su atención a cuidar de ella.

Él recuerda: «Un día, Susana me dijo cautelosamente: "¿Podrías llamar a Patricia?", (una amiga nuestra), así que hice la llamada. Susana se puso al teléfono y le susurró: "¿Puedo ir a tu casa?" y Patricia le dijo: "Claro que sí". La llevé a la casa de Patricia y, cuando estacionamos, Susana se bajó rápidamente del auto y corrió hacia la puerta principal. Le preguntó a la amiga: "¿Quién está en el auto? ¿Quién es ese hombre dentro del auto?". Patricia le aseguró que era Jonatán, su marido».

Jonatán explica: «La situación se puso cada vez peor. Casi a diario, ella me daba esa mirada de "No sé quién eres. ¿Por qué estás en mi casa?". Durante una conversación con su cuñada, Susana de repente se inclinó hacia delante y preguntó: "¿Me vas a decir dónde está Jonatán?". Su cuñada respondió: "Él está allí". Susana exclamó: "¿Por qué todo el mundo está haciendo esto? ¿Por qué nadie me lo dice? ¿Qué está pasando aquí? ¿Dónde está él?"». A partir de ese momento, Jonatán afirma: «Ella ya no me reconocía como su marido».

Él narra que «la relación de marido y mujer se convirtió en un territorio complicado durante varios meses en 2013, tratando de averiguar cómo podríamos relacionarnos. Tocarla, besarla en la mejilla, abrazarla, cualquier tipo de contacto la llenaba de ansiedad. Y ella decía cosas como: "¿Eres el gerente? ¿Quién te paga?". Ella estaba pensando en mí como el administrador del lugar en el que vivía. Si salía a darme una ducha y cambiarme de ropa, y luego volvía a entrar en la habitación, ella podría decir: "¡Ahí estás!". Entonces treinta segundos, o un minuto o dos más tarde, ella volvía a decir: "No, tú no eres". Ella decía: "¡Oh, ahí estás!" en la forma en que lo diría si no hubiera visto a un amigo en años y de repente se topa con él en el mercado. Solo un momento encantador de emoción. Entonces volvía a caer en la situación de: "Bueno, ese es el otro Jonatán"».

Durante todo el tiempo de su enfermedad, Susana siguió creyendo que Jonatán no era su marido, sino un impostor que se parecía mucho a él. Ese delirio, conocido como el síndrome de Capgras, afecta a aproximadamente al 17 por ciento de las personas con DCL, según un estudio citado por la Asociación de Demencia con Cuerpos de Lewy.[4] (Como se mencionó en el capítulo 3, el síndrome de Capgras también puede darse en la EA).

Jonatán dice: «Un terapeuta me aconsejó que no debía enfrentar el delirio ni confirmarlo. Tenía que básicamente considerar nuestra relación como ella lo hacía, una especie de "amabilidad de extraños". Lo mejor que pude conseguir después de 2012 fue una amistad conveniente. Ella estaba muy agradecida por la amabilidad de aquel extraño llamado Jonatán».

Si bien Susana nunca más reconoció a Jonatán como su marido, su amor por ella nunca se debilitó, aunque su corazón estaba destrozado. Él observaba impotente mientras Susana caminaba por la

4. Lewy Body Dementia Association, «Capgras Syndrome in DLB Associated with Anxiety and Hallucinations», https://www.lbda.org/content/capgras-syndrome-dlb-associated-anxiety-and-hallucinations-0.

casa gritando: «¿Dónde está Jonatán? ¿Por qué me dejó sola? ¿Va él a regresar?». Él aclara: «Casi todos los días, muchas veces, quería desesperadamente tomar sus manos en las mías y decirle: "Te quiero". Pero eso la asustaría. Porque para ella, yo era Jonatán el gerente del centro o el amable guía que la llevaba a las citas médicas. Al principio de la enfermedad, yo traté de combatirla diciendo: "Voy a convencerla de que yo soy Jonatán". Pero si le tocaba los hombros, podía ver que no le estaba dando paz, sino produciendo ansiedad».

«Al principio de la enfermedad, yo traté de combatirla diciendo: "Voy a convencerla de que yo soy Jonatán"».

Jonatán cuenta: «Un día yo estaba en el dormitorio, cambiando las sábanas de su cama y ella se acercó por detrás de mí y me tiró una caja de servilletas de papel y me golpeó en la espalda. Ella exigió: "¡Mírame!". Me volví y me preguntó: "¿Por qué no me dices dónde está Jonatán?". Y a partir de ese momento me di por vencido de intentar contestar».

En su papel como un «extraño amable», Jonatán trató de mantener la normalidad y continuó haciendo las cosas comunes con Susana. Él recuerda: «Una vez en una cafetería, ella estaba en el mostrador y quería poner azúcar en su café. El empleado le entregó el café y le dijo: "El azúcar está detrás de usted". Así que ella se volvió, pero no fue capaz de procesar lo que le habían dicho. Se volvió de nuevo hacia el empleado y repitió: "¿Puede darme un poco de azúcar?". Él dijo: "Está detrás de usted". Entonces él se mostró frustrado y dijo en voz alta y delante de los demás: "¡SEÑORA, ESTÁ AHÍ!". Ella dejó su café y se fue. Yo estaba allí con ella y le dije: "No, no, no", y le traje su café y el azúcar. Esta clase de experiencia era devastadora para ella. Ya no quería salir. Empezó a retirarse poco a poco y, finalmente, se volvió incapaz de ir a algún lugar, incluso a un simple paseo. Su cerebro no estaba procesando el mundo».

La mayoría de las personas con demencia de cuerpos de Lewy, por lo general, conserva la perspicacia. En ese sentido, Susana era típica, y se mantuvo, en palabras de Jonatán, «muy perspicaz». Ella siempre supo que algo andaba muy mal y trató desesperadamente de recuperarse. Él recuerda: «Ella solía suplicarme: "¿Podría ayudarme, por favor? Alguien tiene que ayudarme. ¿Puedes llevarme al médico?"». Cerca del final de su vida, él dice: «Encontré pedazos de papel donde había escrito su nombre, mi nombre y los nombres de los hijos una y otra vez. Y ella repetía su propio nombre en voz alta una y otra vez. Como una persona que cuelga de una rama al borde de un acantilado, creo que ella estaba tratando de aferrarse».

Desde el momento en que empezó a cuidarla, Jonatán se concentró en amar y animar a Susana en todos los sentidos posibles. Después del diagnóstico de DCL y su precipitada jubilación, vendió su casa y construyó una nueva cerca de su hija y nietos, creyendo que esta nueva casa sería más cómoda para Susana. Cuando ella ya no lo reconoció como su marido, él contrató cuidadores y se mudó a un dormitorio separado. A principios de la enfermedad, ella le permitía darle masajes en los pies y aceptaba pequeñas baratijas como regalos. Más tarde, él se encargó de que ella comiera, de administrar sus medicinas y de lavarle el cabello. Daban paseos diarios en el auto, escuchaban música, le daba masajes en los brazos y reposicionó su cama de manera que ella pudiera ver por la ventana. «Todo lo que la calmara, lo hacía. Dejaba cualquier cosa que estuviera haciendo y la atendía a ella», dice.

El 27 de enero de 2015, Susana se cayó y se rompió la cadera. Ese día Jonatán tomó la decisión de repetir en voz alta las palabras: «Te quiero». «Lo decía cien veces al día», afirma. «Decidí que incluso si eso la ponía nerviosa, era mejor que ella lo oyera: "Te amo. Te quiero. Te quiero. Eres amada. Tus hijos te quieren. Tus nietos te quieren. Yo te amo, Jonatán te ama", lo repetía constantemente».

El último domingo de su vida, Susana entró en un centro de cuidados especiales. El personal quería darle un baño de cama. Mientras cerraban la cortina de privacidad alrededor de ella, Susana gritó: «¡Jonatán!». Fue la última vez que habló. El siguiente miércoles, poco después del amanecer, Susana falleció, con su mano entre las manos de su amoroso esposo de 40 años.

«Mis amigos me alientan diciendo cuán bendecido había sido y cómo nuestro matrimonio fue único», destaca. «Nuestra vida fue rica y plena. Muchas parejas no tienen una vida así». Recordando la búsqueda incesante de Susana del «verdadero» Jonatán a lo largo de su enfermedad, reflexiona con ternura: «Eso me dijo que me amaba mucho. Su angustia era proporcional a su amor».

LA HISTORIA DE GRACIELA: «ESTOY CASADA, PERO VIVO SOLA»

Demencia frontotemporal

Sobre la demencia frontotemporal (DFT):[5,6,7] *La demencia frontotemporal es una expresión genérica para las condiciones que hacen que porciones de los lóbulos frontales y temporales del cerebro se contraigan y pierdan funciones. Estos lóbulos gobiernan el comportamiento, el lenguaje, la personalidad y el movimiento físico. Los signos y síntomas más comunes de DFT son el comportamiento extremo y los cambios de personalidad. Las personas con esta enfermedad pueden llegar a ser impulsivas, groseras, emocionalmente indiferentes y aptas para compor-*

5. Alzheimer's Association, «Frontotemporal Dementia», http://www.alz.org/dementia/fronto-temporal-dementia-ftd-symptoms.asp.

6. The Association for Frontotemporal Degeneration, «FAQ», http://www.theaftd.org/life-with-ftd/newly-diagnosed/faq.

7. University of California, San Francisco, «Frontotemporal Dementia Overview», http://memory.ucsf.edu/ftd/overview.

tarse de formas socialmente inapropiadas, sin la capacidad de reconocer que sus palabras y comportamientos son ofensivos.

DFT, la cuarta forma más común de demencia, puede representar hasta el 10 por ciento de todos los casos de demencia, afectando a una cantidad estimada de 140.000 a 350.000 personas en los Estados Unidos. A diferencia de la EA, que se vuelve más probable a medida que la gente envejece, DFT afecta generalmente a gente más joven. Entre los menores de 65 años, DFT es la demencia más común después de la forma precoz de la EA. Debido a que el DFT es mucho menos común que la enfermedad de Alzheimer, como con la demencia de cuerpos de Lewy, los pacientes de DFT y los miembros de la familia tienen a menudo dificultades para obtener un diagnóstico preciso y encontrar grupos de apoyo. (Para más información sobre DFT, consulte «Demencias que no son Alzheimer» en el Apéndice B).

Graciela conoció a Carlos cuando apenas tenía 17 años. Su mejor amiga los presentó y Carlos llamó a Graciela al día siguiente para invitarla a salir. Ella aceptó la invitación pensando que era para el próximo sábado por la noche. Pero cuando él llamó a mitad de semana para confirmar una hora para ir a recogerla para el viernes, ella se dio cuenta de su error.

—Pensé que dijiste sábado. Ya tengo una cita para el viernes.

—Yo tengo una cita para el sábado —respondió él—. Déjame decirte que si rompes tu cita, yo rompo la mía, y así salimos juntos dos noches.

Dice Graciela: «Cincuenta años después aquí estamos».

Recuerda: «Era atractivo», pero lo más importante, «era amable. Me encantó su amabilidad. Nunca antes me habían tratado con amabilidad».

Al haber crecido con un padre enojado y alcohólico, Graciela no podía dejar de notar que la vida familiar de Carlos era diferente. Ella explica: «A Carlos le gustaba la familia y yo nunca antes había visto eso. Era leal a su familia, respetuoso con ellos y era divertido. Tenía muchas cualidades admirables. Tenía buen sentido del humor. Siempre muy trabajador. No solo lo amaba a él, amaba a su familia. Eran amables, respetuosos y bondadosos. Sencillamente me encantó la calma y tranquilidad de ellos».

Ella recuerda una tarde de domingo. «Éramos muy jóvenes. Estábamos en la universidad. Todavía nos quedaban dos años más y queríamos casarnos. Carlos estaba fuera hablando con su padre, y su madre y yo estábamos dentro en la casa. Su madre me dijo: "Tú sabes lo que está haciendo ahí fuera con su padre, ¿no?". Dije que no. Ella respondió: "Bueno, está hablando con su padre sobre cómo podríamos ayudarte a financiar la escuela si quieres casarte. ¡Será mejor que salgas y lo ayudes!"».

Emocionada, salió y se unió a la conversación. Todavía recuerda vívidamente al padre de Carlos sentado en un viejo columpio pintado de verde que había en el porche hablando con ellos sobre el futuro que imaginaban como marido y mujer.

Con nostalgia en su voz, Graciela expresa: «Este pasado fin de semana estábamos de regreso en la granja donde Carlos había crecido. La viuda de su hermano vive allí ahora. Carlos y yo nos sentamos en el mismo columpio».

—¿Recordó él el columpio?

—Oh, sí. Él lo recordó.

Yo le dije: «Tu papá estaba sentado en este columpio cuando le hablábamos de casarnos. Me balanceé con mis bebés en ese columpio. Su madre y yo abrimos vainas de frijoles juntas sentadas en ese columpio. Por tanto, ese columpio, oh Dios mío, ese columpio es lo que somos. Es un símbolo muy hermoso. Es precioso para mí. Lloré. No significaba nada para Carlos. No sintió nada al estar conmigo en ese columpio».

A través de los años, aquel columpio en el porche de la antigua casa de campo ha cambiado muy poco. («Sigue teniendo el mismo color, lo mantienen pintado de verde»). Carlos, sin embargo, ha cambiado mucho.

«Nos casamos muy jóvenes, teníamos 20 y 21», dice Graciela. «Siempre disfrutamos de un buen matrimonio. Siempre tuvimos una gran relación íntima, nos tocábamos, abrazábamos, veíamos la televisión juntos y nos tomábamos de las manos. Carlos era divertido. Pescábamos y paseábamos en bote juntos. Tuvimos un lugar en el río durante 10 años de nuestro matrimonio. Nos gustaba el agua. Me encantaba que tuviéramos muchos intereses comunes».

> «He decidido que nunca te tocaré de nuevo».

Tuvieron dos hijos. A lo largo de los años compraron diez casas viejas y vivieron en cada una de ellas mientras las remodelaban juntos, luego las vendían para obtener ganancias y pasaban a la siguiente. Entonces, en medio de tanta felicidad, inexplicablemente, Carlos empezó a alejarse de Graciela.

—Carlos, ¿qué está pasando? —le suplicó ella—. No lo entiendo.

—En 1974 tú le dijiste algo a mi madre que fue muy desagradable —le dijo él—, y acabo de decidir que voy a castigarte por eso. No voy a perdonarte.

—Carlos, eso no tiene sentido —explicó ella—. Tu madre y yo siempre fuimos muy buenas amigas.

Semanas después, las cosas no habían mejorado. Desconcertada, Graciela recuerda.

—Por favor, Carlos, ¿qué pasa?

—Bueno, recuerdo que una vez me dijiste que solo estaba interesado en ti por el sexo, así que he decidido que nunca te tocaré de nuevo.

Graciela sabía que necesitaban ayuda. Ella explica: «Fuimos a un consejero matrimonial. La primera vez que nos reunimos con él, dijo: "¿Cuál creen ustedes que es el problema?". Carlos dijo: "Yo no tengo ningún problema. Ella lo tiene"». No sorprende que el consejero fracasara. (El consejero de hecho los dejó en medio de la tercera sesión, diciéndoles: «Pienso que yo estoy perdiendo mi tiempo y ustedes su dinero»).

El abismo entre ellos continuó ampliándose, sin importar los esfuerzos de Graciela por reparar la brecha. Carlos, explica ella, era «discutidor, discutidor, discutidor. Fue despedido de tres trabajos por discutir con el jefe». Durante más de una década, ella luchó por entender lo que había sucedido con el matrimonio tan divertido y satisfactorio que tuvieron una vez. Año tras año, dice, «discutir era un problema, la falta de respeto a la autoridad era un problema, la pérdida de puestos de trabajo era un problema, la intimidad era un problema, y él comenzó a pasar más y más tiempo a solas. Me "dejó" hace unos 12 años. Hace unos tres años, finalmente dije: "Vamos a ir al médico. Vamos a comprobar, de una forma u otra, que uno de nosotros tiene un problema. Si resulta que no lo tenemos, eso será solo cómo nuestro matrimonio terminó, y entonces tendremos que pensar dónde vamos con esta relación. Pero si uno de nosotros tiene un problema, podemos conseguir ayuda. Carlos le dijo: "Voy a ir porque quiero demostrar que eres tú la del problema"».

Las pruebas iniciales parecían indicar que Carlos estaba en la etapa inicial de la enfermedad de Alzheimer. Luego, hace aproximadamente un año y medio, un geriatra especializado en diagnóstico de demencia le dijo a Carlos: «No tienes la enfermedad de Alzheimer. No estoy seguro todavía de lo que es, así que vamos a hacer más pruebas».

«Le hicieron una tomografía cerebral por emisión de positrones que fue leída por dos expertos», explica Graciela. «El médico me llamó poco después y me dijo: "Voy a darle un diagnóstico clínico de demencia frontotemporal". Yo nunca había oído hablar de eso. Comencé a investigar la DFT. Ahora todo tenía sentido. Mirando en retrospectiva, he tenido tantos momentos de ¡ajá!, así que *¡eso es lo que era!*».

Durante más de una década, Graciela no tuvo ninguna explicación para los cambios radicales en el comportamiento de Carlos. Saber su diagnóstico le dio por fin el *porqué* que ella tanto había buscado. Lamentablemente, la comprensión de la enfermedad no ha mejorado su matrimonio ni le ha quitado el sentimiento de soledad que la carcome. Desde el día que hace doce años su esposo le dijo: «Nunca te tocaré de nuevo», él se ha mantenido física y emocionalmente aislado de ella.

> «Quiero hacerlo responsable de algunas cosas, a sabiendas de que no puede ser responsable».

«Ha montado una pequeña "cueva" en el área del garaje con una televisión, una nevera y aire acondicionado. Así que pasa todo el día solo. Él entra en la casa para la cena, que come delante del televisor. No habla. Después de la cena regresa a su cueva. Él viene a la cama alrededor de la una o dos de la madrugada. Cuando se mete en la cama», dice Graciela, «siempre me da la espalda».

Ella afirma: «Estoy casada, pero vivo sola. No tengo un compañero con quien compartir la vida. No está realmente interesado en mi trabajo. No hablamos del futuro. No hablamos de comprar un sofá nuevo. No hablamos de nada».

Graciela comentó sobre una dolorosa ironía: Carlos parece querer tocar a todos menos a ella. Afortunadamente, todavía abraza a sus hijos y nietos. Es lamentable que impone sus abrazos no deseados a los extraños en los supermercados y a los empleados varones en los establecimientos de mejoras para el hogar. En el consultorio del médico, pone sus brazos alrededor de los hombros del personal. En ocasiones también ha puesto sus brazos alrededor de mujeres que no conocía y les hace comentarios sexualmente sugestivos. La DFT le ha privado del discernimiento de saber que su comportamiento es socialmente incorrecto y humillante para su familia. No reconoce que su vida y matrimonio han quedado afectados por la DFT. Graciela explica que cuando pierde la paciencia con él, «él se ríe y me dice: "No estoy enfermo. Tú eres la loca"».

Después de tantos años de alejamiento emocional y físico de su esposo, el depósito de amor emocional de Graciela está casi vacío y seco. Ella dice: «en una escala de uno a diez, llego apenas a uno».

Ella admite: «Antes de conocer el diagnóstico, sentía enojo y odio hacia Carlos. Gran falta de respeto por él. Desde que me enteré del diagnóstico, sigo sintiendo enojo. Todavía quiero culparlo, aunque sé que no puedo culparlo. Quiero hacerlo responsable de algunas cosas, a sabiendas de que no puede ser responsable».

EL EXPERIMENTO

En su libro *Los 5 lenguajes del amor,* Gary Chapman cuenta la historia de una mujer llamada Ana que se sentía como Graciela.[8] Su depósito emocional estaba vacío y su matrimonio era doloroso. Otros le habían dicho a ella lo mismo que le dijeron a Graciela: es inútil; olvídate de él. La respuesta de Ana fue la misma que la de Graciela: «No tengo el deseo ni las fuerzas para hacer eso».

Tal como dice la frase proverbial, sintiéndose «atrapada entre la espada y la pared», dijo Ana, «doctor Chapman, no sé si podré volver a amarlo después de todo lo que me ha hecho».

Gary le dijo: «Entiendo bien tu lucha. Te encuentras en una situación muy difícil. Me gustaría poder darte una respuesta fácil. Desafortunadamente, no puedo». Sin embargo, sabiendo que era una mujer de profunda fe personal, se le ocurrió una idea.

Lo que sigue es un resumen de lo que dice en el libro:

> «Quiero leerte algo que Jesucristo dijo una vez que creo que tiene alguna aplicación para tu matrimonio». Leí lenta y

8. Gary Chapman, *The 5 Love Languages*®, pp. 151-158.

deliberadamente. *«Pero a vosotros los que oís, os digo: Amad a vuestros enemigos, haced bien a los que os aborrecen; bendecid a los que os maldicen, y orad por los que os calumnian... Y como queréis que hagan los hombres con vosotros, así también haced vosotros con ellos...».*

—¿No te suena eso como si fuera tu esposo? ¿Te ha tratado como si fueras un enemigo más bien que un amigo?

Ella hizo una pausa.

—Sí —dijo en voz baja.

—Te ha maldecido alguna vez? —pregunté.

—Muchas veces.

—¿Te ha maltratado?

—Con frecuencia.

—¿Y te ha dicho que te aborrece?

—Sí.

«Ana, si estás dispuesta, me gustaría hacer un experimento. Quisiera ver qué pasaría si aplicamos este principio a tu matrimonio. Permíteme explicarte lo que quiero decir». Luego continué explicándole a Ana el concepto del depósito emocional y el hecho de que cuando el depósito está bajo, como el de ella, no tenemos sentimientos de amor hacia nuestro cónyuge, sino que experimentamos el vacío y el

> dolor... «Ciertamente no tenemos sentimientos afectuosos por las personas que nos odian. Eso sería anormal, pero podemos hacer actos de amor por ellos. Eso es sencillamente una elección, una decisión. Esperamos que tales actos amorosos tengan un efecto positivo en sus actitudes, comportamiento y tratamiento, pero al menos nosotros hemos elegido hacer algo positivo por ellos».

Aunque era sumamente difícil, Ana comenzó a acercarse de forma consecuente a su marido Samuel, con los lenguajes del amor. Durante los seis meses siguientes, vio un gran cambio en la actitud y el tratamiento de Samuel. Sorprendentemente, el matrimonio fue reparado.

Gary escribió: «Hasta el día de hoy, Samuel les afirma a sus amigos que yo hago milagros. Lo que sí sé es que el amor hace milagros. Tal vez necesites un milagro en tu propio matrimonio. ¿Por qué no pruebas el experimento de Ana?».

Cuando entrevistábamos a Graciela para este libro, el paralelismo entre la situación de Ana y la suya eran evidentes. La diferencia, sin embargo, era marcada: el marido de Ana era cognitivamente normal; el marido de Graciela tiene un tipo de demencia que crea indiferencia emocional y daña tanto la empatía como la perspicacia. Dado esto, ¿podría el experimento de Ana tener éxito también para Graciela? Le retamos a que lo probara. Aunque estaba «muy herida por la forma en que Carlos me había tratado», aceptó de todos modos intentar el experimento. La recordamos que no tenía absolutamente nada que perder.

Graciela recuerda: «Me metí en esto con una actitud negativa, no esperando nada, o muy poco si es que él llegaba a responder. Yo estaba representando el papel de la "víctima", que es fácil de hacer con esta enfermedad». No obstante, Graciela comenzó a mostrar deliberadamente amor a Carlos. Le servía comidas, le llevaba dulces a la «cueva», se acurrucaba junto a él en la cama y le decía palabras de afirmación. Todas estas bondades fueron recibidas con indiferencia o resistencia. Ella mantenía un diario, anotando todo lo que hacía, cómo se sentía al respecto y cómo reaccionaba él.

En unos pocos días hubo un cambio, pero no con Carlos.

«Aquí es donde se pone realmente increíble», dice ella. «Después de los primeros días, releía las entradas anteriores en el diario que registraban todos mis actos de servicio, desde hacer su café por la mañana hasta llevarle a la "cueva" algo para comer antes de acostarme. Comencé a darme cuenta: *"Esto es lo que Dios hace por mí cada día y no me requiere que reconozca sus regalos. Él me da muchos regalos solo porque Él me ama. Eso es todo: Él me ama"*. He amado a Carlos desde que tenía 18 años y ahora me doy cuenta de que estaba dando un amor *condicional*: si Carlos responde, entonces haré actos de servicio para él de nuevo; si no lo hace, entonces me alejo. Empecé a sentirme entusiasmada por mostrarle a Carlos amor *incondicional*, y que él no esté obligado a reconocer nada. Comencé a hacer esas cosas buenas por mi placer y para honrar a Dios. Eso empezó a resultarme divertido».

Continuó diciendo: «Ahora busco en el supermercado cosas que sé que le van a gustar, galletas especiales o dulces. Cada día me ofrezco a llevarlo a cualquier parte que él necesite ir. A menudo le digo palabras amables, y la mayoría de las veces él no responde y simplemente sale de la habitación. Pero el "experimento" ya no consiste en ver si él me expresará amor de nuevo a mí. Se ha convertido en lo que yo puedo hacer por él que lo honre y por tanto, honre a Dios. Una vez más veo al joven de quien me enamoré, el hombre que fue tan fiel a su familia durante tantos años. Todavía estoy triste y dolida porque él tiene esa terrible enfermedad, pero entiendo cada día más los votos de "hasta que la muerte nos separe". Sigo con mi decisión de entrar en el mundo de Carlos, y hacer estos actos de servir y decir palabras amables me da placer y alegría. Durante las semanas que he estado realizando este experimento, ha habido tres pequeñas respuestas de

Carlos. Una vez que yo estaba en el lavabo, él se acercó a mí y me dio un beso en la mejilla y se alejó. Eso fue todo. Pero fue ENORME para mí, porque no me había besado en muchos, muchos años. Una vez, se inclinó hacia mí para *casi* darme un abrazo. No hubo contacto físico, ¡pero yo lo consideré un abrazo! Otro día nos fuimos a cenar a un restaurante en la semana de San Valentín. Dos días después me preguntó si había disfrutado de la cena. Yo respondí: "Sí, me gusta ir allí". Él dijo: "¡Estupendo! Feliz Día de San Valentín"».

Si bien el experimento que le pedimos a Graciela que llevara a cabo ya ha terminado, ella no piensa dejar de usar los cinco lenguajes del amor con Carlos, incluso aunque él no responda más. Nos preguntamos: ¿animaría ella a otros a intentar el mismo experimento?

Ella explica: «Es como todos ustedes me dijeron: "¿Qué tienes que perder?". Así que sí, animaría a otros a hacerlo, primero aprendiendo el lenguaje del amor del ser querido y luego respondiendo con eso a diario. Creo que como cuidadores tenemos la capacidad de hacer más por nuestros seres queridos que cualquier médico, medicina o asesoramiento. Tenemos la capacidad de tratar de llegar a ellos de una manera que la ciencia sabe poco acerca de eso: hablar con su lenguaje del amor. Aunque algunos días pueden ser más difíciles que otros, prometo que será un éxito, ya sea para el paciente, el cuidador o confiemos que para ambos, y en maneras que probablemente nunca imaginó».

7

Voces de experiencia

«La experiencia no es lo que te sucede a ti; es lo que tú haces con lo que te ha sucedido».
—Aldous Huxley

INVITAMOS A OCHO VETERANOS en cuidar de personas con demencia a participar en un grupo de enfoque. En preparación para la reunión, les dimos información sobre los cinco lenguajes del amor y les pedimos que contestaran el cuestionario sobre los lenguajes del amor, una vez por sí mismos y otra en representación del cónyuge que ellos cuidan. Además, debido a que la mayoría de sus cónyuges está en la etapa media o avanzada de la enfermedad de Alzheimer, les pedimos que respondieran a las tres preguntas que aparecen con los cuestionarios en el capítulo 2. Les pedimos que combinaran esta información e hicieran su mejor estimación sobre el lenguaje del amor del cónyuge antes de empezar a padecer de demencia. También les pedimos que prestaran atención al amor *hesed,* definiéndolo para ellos como lo hicimos en el capítulo 2, un amor que:

- actúa por lealtad inquebrantable
- podemos contar con él

- no es sobre la emoción del romance, sino la seguridad de la fidelidad
- interviene a favor de su ser querido y acude a su rescate

Les dijimos: «Como veteranos cuidadores cuyas opiniones valoramos mucho, hoy se unen a nosotros como coautores».

Los participantes en nuestro grupo de enfoque fueron:

Laura, casada por 34 años con Dionisio (diagnóstico: enfermedad de Alzheimer) y su cuidadora durante 7 años. Lenguajes del amor: Laura: *Actos de servicio*; Dionisio: *Contacto físico.*

Juan, casado por 29 años con Daniela (diagnóstico: inicio precoz de la enfermedad de Alzheimer) y su cuidador durante 9 años. Lenguajes del amor: Juan: *Tiempo de calidad*; Daniela: *Tiempo de calidad.*

Alfredo, casado por 57 años con Guadalupe (diagnóstico: enfermedad de Alzheimer) y su cuidador durante 3 años. Lenguajes del amor: Alfredo: *Palabras de afirmación*; Guadalupe: *Tiempo de calidad.*

Elisabet, casada por 45 años con Antonio (diagnóstico: demencia frontotemporal) y su cuidadora durante 2 años y medio. Lenguajes del amor: Elisabet: *Actos de servicio*; Antonio: *Regalos.*

Carmen, casada por 38 años con Francisco (diagnóstico: enfermedad de Alzheimer) y su cuidadora durante 10 años. Lenguajes del amor: Carmen: *Palabras de afirmación*; Francisco: *Tiempo de calidad.*

Ángela, casada por 35 años con Enrique (diagnóstico: inicio precoz de la enfermedad de Alzheimer) y su cuidadora por 2 años. Lenguajes del amor: Ángela: *Actos de servicio*; Enrique: *Palabras de afirmación.*

Ricardo, casado por 10 años con Estefanía (diagnóstico: enfermedad de Alzheimer) y su cuidador durante 5 años. Lenguajes del amor: Ricardo: *Actos de servicio*; Estefanía: *Actos de servicio.*

Sara, casada por 55 años con Roberto (diagnóstico: enfermedad de Alzheimer) y su cuidadora durante 6 años. Lenguajes del amor: Sara: *Actos de servicio*; Roberto: *Actos de servicio.*

Como esperábamos, la conversación de una hora y media del grupo produjo muchas aportaciones valiosas y conmovedoras sobre la experiencia de cuidar que habían tenido. Aunque iniciamos y animamos la conversación con algunas preguntas, la mayor parte del tiempo estuvimos escuchando, permitiendo que el diálogo fluyera de forma natural, tocando una variedad de temas. Algunos comentarios de los participantes, sin ellos saberlo, reflejaban puntos clave de los capítulos que ya habíamos escrito. Otros comentarios eran perlas de sabiduría que solo podían obtenerse por medio de la experiencia de cuidadores como ellos. Hubo momentos de risa y lágrimas mientras el grupo afirmaba los esfuerzos de los demás y ofrecía sus consejos para los lectores sobre cómo cuidar a seres queridos.

A continuación, hemos extractado partes de la transcripción de audio, agrupando los comentarios por temas. En unos pocos lugares hemos añadido nuestros propios comentarios o reflexiones.

«ME LEVANTO DE NUEVO Y SIGO»: LO QUE ELLOS NOS DIJERON

Lecciones aprendidas

Laura: Me digo a mí misma cada día: «Señora, tienes que recordar que es más difícil ser un niño de 75 años que ser la que cuida de un niño de 75 años».

Sara: Al principio solía discutir con Roberto. Descubrí que eso no era una buena idea. Tienes que elegir tus batallas. Ahora, si él dice: «Es azul», y realmente es verde, yo digo: «Sí, es azul».

Ángela: He aprendido que tienes que llorar por cada cambio. Voy a tener algunos días de tristeza, pero sé que no puedo permanecer así. Lloro por la nueva pérdida, pero luego me levanto de nuevo y sigo adelante para hacer y ser lo que mi marido necesita.

Alfredo: Me llevó un poco de tiempo aprender que en vez de levantarle la voz a Guadalupe, porque no podía encontrar algo, yo debía salir del cuarto y hablarme a mí mismo un poco. No me hablo a mí mismo mucho, pero funciona muy bien.

> «Una cosa que me hubiera gustado haber aprendido antes es que Francisco no puede recordar que no puede recordar». —Carmen

Carmen: Una cosa que me hubiera gustado haber aprendido antes es que Francisco no puede recordar que no puede recordar. Si hubiera tenido eso arraigado en mí hace años, tal vez no habría tenido problemas de salud, de frustración, ni de enojo. Pero es difícil mantenerlo en tu mente cada día de la semana, del mes y del año. Y cuanto antes te des cuenta de eso, creo que más te ayudará.

La demencia lo cambia todo

Ricardo: No tiene sentido tratar de razonar con tu ser querido. No tiene sentido decir: «¿Te das cuenta de cuán irritante es eso?». «¿No podrías haberlo dicho de otra manera?». «¿No podrías ser más agradecido?». No tiene sentido decir nada de eso. Toda esa lógica se ha ido por la ventana desde hace mucho tiempo.

Laura: Esto cambia la relación en maneras que son muy difíciles de describir. Hay tantas ironías. Una es, en el momento mismo en que el cuidador necesita hacerlo todo, la persona para quien realmente te importa necesita más tiempo y más contacto y más de las cosas que las tareas de la vida no pueden hacer.

Sara: A pesar de que mi marido está mostrando todo este amor, ahora él es sencillamente una persona diferente. No es con quien me casé hace 55 años.

Si tú estás enfermo, ellos están enfermos

Sara: Si tenemos una conversación, siempre termina con él. Si digo: «Hoy no me siento bien» o «Esto me está doliendo hoy», él dice: «Sí, a mí también me está doliendo». Todo lo que digo, él lo refleja.

Juan: Si estás de mal humor o estás enfermo, ellos están enfermos. Así que tienes que centrar tu atención siempre en ser optimista, feliz y cariñoso, porque entonces ellos lo sienten. A Daniela le sucede.

Ricardo: Gracias por haberlo mencionado, porque es cierto que si hay algo mal contigo, ellos siempre le dan la vuelta. Si digo: «Dios mío, qué dolor de cabeza tengo», ellos primero se preocupan un poco:

—¿Qué pasa? ¿Qué crees que es? ¿Es algo serio?

—No, no, cariño, no es nada serio.

—Bueno, creo que sé cómo te sientes porque yo también tuve dolor de cabeza.

Laura: ¡Algunos de los problemas femeninos de Dionisio están empeorando! *(Risas del grupo).* Si no tienes sentido del humor, sencillamente lo vas a pasar mal.

«Padre-hijo»

Ricardo: En realidad es como cuidar de un niño, un niño que está siempre enfermo y nunca logras tener un descanso.

Laura. Yo lo veo y lo siento como una relación madre-hijo. Recuerdo que, al principio de esta experiencia, Dionisio estaba tratando de expresar a alguien cuánto apreciaba todo lo que yo estaba haciendo por él y dijo: «Ella es como mi madre. Se encarga de todo». Él lo quiso expresar de la manera más bella que pudo. Aquello fue —lo diré— para mí algo muy bonito y luminoso. Entonces, cuando él se siente frustrado o enojado porque estoy tratando de ayudarlo con lo que hay que hacer en un momento determinado, se va al otro lado: «¡Tú no eres mi madre!». Esas reacciones se dan, y van y vienen con frecuencia.

Carmen: Pienso que, a medida que avanza esta experiencia, se va poniendo más difícil para mí porque me siento a veces como que estoy abrazando a mi hijo y eso te parece extraño.

Ricardo: Estefanía tenía ya casi 50 años de edad cuando fue diagnosticada y nosotros entramos muy rápidamente a una forma de relación de «padre-hija» y la intimidad física parecía desaparecer. Traté de acercarme más a ella, como en la cama. Por lo general, estoy en un lado de la cama y ella está en el otro, y traté de ser más íntimo. Traté de retenerla más tiempo junto a mí y ella realmente lo encontró incómodo.

«Una parte de ti muere con ellos cada día»

Alfredo: Desde que me jubilé hace ocho años, estoy haciendo cosas que nunca pensé que haría y haciendo cosas que Guadalupe siempre hizo diligentemente. Es todo un círculo completo de 360 grados, cambiando tu vida para convertirte en un cuidador. A veces es realmente un día largo, haciendo todas las cosas que tienes que hacer. Por ejemplo, ahora para ir a la cama, probablemente nos toma 30 minutos para quitarle los pantalones, el vestido o lo que sea. Es un cambio completo en tu vida y tienes que adaptarte a ello.

«Tú sabes que esta situación no va a terminar bien, y eso es como un golpe que recibes cada cierto tiempo». —Ricardo

Ricardo: Uno de los mayores problemas es el dolor anticipatorio. Tú sabes que esta situación no va a terminar bien, y eso es como un golpe que recibes cada cierto tiempo. Tienes momentos buenos y otros que son realmente malos, pero siempre tienes encima de ti esta idea de que hay una gran tristeza que va a venir y que no hay manera de evitarla.

Sara: Este es un tipo muy diferente de amor que le das a tu ser querido. Una parte de ti muere con ellos cada día, y es difícil, muy difícil.

Ricardo: En nuestra jerarquía de necesidades, no hay muchas oportunidades para satisfacer las necesidades de nivel superior. Todo tiene que ver con lo básico para cuidar de la vida de nuestro ser querido. Es lo que hicimos por nuestros hijos. No hay lugar para jugar; no hay lugar para la alegría. Todo está relacionado con el nivel inferior de cosas necesarias. Sobre la alegría y la diversión, hay pequeñas oportunidades, pero no muchas. Mucho del color de la vida ha desaparecido para mí.

Dar y recibir amor por medio de los cinco lenguajes del amor

Carmen: Algo que sigue apareciendo en mi situación es que, como cuidadores, tenemos que determinar cuál es su lenguaje de amor en cada etapa. Porque cambia. Los *Actos de servicio* y *Tiempo de calidad* y todo eso puede que no fuera lo que necesitaban antes de que esta situación nos afectara, pero ahora tenemos que ser receptivos en el momento: ¿cuál es su lenguaje de amor en *este momento*? Tienes que preguntarte en el momento: «¿Qué necesitan que hagamos para mostrarles nuestro amor?».

Elisabet: El *Tiempo de calidad* es ahora un poco diferente. Todavía nos gusta estar juntos, y no es que sea una gran cosa estar juntos, pero ahora hay poca conversación. Resulta difícil tener algo coherente y continuado: «¿Qué piensas de esto? ¿Qué piensas de aquello?». Eso ha desaparecido, pero él todavía se sienta conmigo en la noche y vemos juntos las noticias y los programas de televisión que nos gustan.

Ángela: Mi lenguaje del amor es *Actos de servicio* y mi esposo, a través de los años, ha sido siempre genial en cuidarme, haciendo cosas para mí solo para hacerme la vida más fácil. Y sigue siendo mi esposo en el inicio precoz de la enfermedad de Alzheimer y todavía se da cuenta de que lo que necesito es *Actos de servicio*, pero sus actos de servicio se ven un poco diferentes ahora. Él me dice, por ejemplo: «Voy a vaciarte el lavaplatos», y se le nota que está perdido en la cocina. Vacía el equipo y pone las cosas en lugares diferentes, repartidas por todas partes, y cuando las necesito, tengo que buscar por toda la cocina para saber dónde él lo puso. Pero acepto ese acto de servicio para mí. No le digo: «Lo pusiste en el lugar equivocado».

Un día yo no me sentía bien, pero estaba pasando la aspiradora y me dijo: «No está bien. Déjame que yo lo haga». Me di cuenta de que ya no sabe cómo pasar la aspiradora. Tomó la aspiradora, la empujó en un círculo y dijo: «Ya tienes el piso limpio. Ahora puedes descansar». Pero todavía es muy significativo para mí. Aunque puede parecer diferente, él todavía me está mostrando *Actos de servicio* y actos de amor que todavía puede hacer por mí.

Laura: *Actos de servicio* es una parte natural de quien yo soy. Creo que ha sido así toda mi vida. Y sin embargo, con todo que está en mi ADN, es asombroso que a veces pueda ser realmente difícil disfrutar de ser tu yo natural con la persona que más quieres servir. Una de las luchas internas, si soy sincera conmigo misma, es que a veces intento entumecerme y eso hace que ser de ayuda sea más difícil para mí. Me pregunto cómo lo siente él, cómo podría sentir eso, y me agrega una capa de sentido de culpa.

Alfredo: Guadalupe a veces se acerca a mí, me mira y me dice: «Gracias. Gracias por lo bien que me cuidas». *(Nota: esto es muy significativo para Alfredo porque Guadalupe está usando su lenguaje del amor primario: Palabras de afirmación).*

Intimidad relacional

Ricardo: Siempre que Estefanía me agradece algo, yo también le doy las gracias de vuelta. Si dice: «No podría hacerlo sin ti; no podría vivir sin ti». Digo: «Cariño, tampoco podría vivir sin ti. No puedo imaginarme la vida sin ti. Te quiero mucho».

Gary Chapman: Ricardo, puedo decirle que eso es una mutua expresión de intimidad. En ese momento está sucediendo la intimidad relacional. Puede parecer diferente a la intimidad que tenían cuando estaban recién casados y ella no padecía esta terrible enfermedad.

Carmen: Como Ricardo mencionó, el tipo de intimidad que tuvimos antes en nuestro matrimonio ha desaparecido. Ahora es un tipo de intimidad diferente y puede ser sencillamente la forma en que nos preocupamos por ellos, o que intervenimos a su favor.

Compasión por un cónyuge que «no puede hacer nada»

Laura: Dionisio a veces trata de hacer algo, tal vez probar con su cámara y hacer fotografías, hacer algo en la computadora o con la televisión, y lo enreda todo. Y después dice: «Soy un inútil». Entonces tienes que lidiar con la angustia de saber que no sabemos cómo se sienten dentro de ellos.

Sara: Roberto siempre vuelve diciendo: «Qué estúpido soy. No sirvo para nada», y eso me lo dice con frecuencia. Yo tengo que animarle y decirle: «No, tú me eres muy útil».

Carmen: Francisco construyó una casa de troncos para nosotros desde cero. Era un gran carpintero y sabía trabajar la piedra, y nunca había hecho nada de eso en toda su vida. No le gustaba leer, pero leía para aprender a hacerlo. Y ahora ni siquiera puede clavar un clavo. A veces intenta hacer algo y ahí es cuando tengo esa visión de la tristeza en él. A veces empieza a llorar. Como alguien decía hace un momento, se siente inútil. Lo más difícil para mí es cuando él realmente se da cuenta de que no puede hacer nada.

Ricardo: Estefanía siempre está preguntando: «¿Qué puedo hacer?». Y el problema es que se queda muy frustrada cuando no puede hacerlo. Se pone tan agitada que hasta le dan náuseas. Por tanto, buena parte de mi vida se va en tratar de decirle: «Cariño, por favor, siéntate y relájate un poco». Para alguien como ella que era una persona tan activa y profesional, y que estaba tan orgullosa de su casa, es sencillamente muy devastador encontrarse en esta situación. Afortunadamente, ella no tiene muchas veces en las que se da cuenta exacta de lo que ha sucedido. Tiene períodos de claridad, pero no duran mucho. Se pone a llorar cada vez que piensa en lo que está perdiendo y lo que ha perdido. Eso es lo más difícil que he hecho en mis más de 60 años en esta tierra.

Elisabet: Mi situación es diferente de lo que muchos de ustedes han mencionado, pero Antonio no parece ser consciente de su situación, por lo que no se le ve frustrado. Al menos no me lo expresa si se siente frustrado o molesto por algo.

Lo que aprendimos: Los pacientes con demencia que todavía conservan el conocimiento de lo que sucede pueden sentirse muy frustrados por su incapacidad para hacer las cosas, lo que a su vez es doloroso para el cuidador. Esto nos recuerda un principio de cuidado muy importante, especialmente cuando cuidamos a una persona que todavía sabe lo que está pasando: en la medida de lo posible, darnos cuenta de que se necesita mucha paciencia para hacer cosas con *la persona, no* para *la persona con demencia.*

Cuando la persona no conserva su perspicacia, como en el caso de Antonio (que tiene demencia frontotemporal), los cuidadores pueden considerar esto como una bendición. Ed dice: «A menudo le pregunto a Rebecca si es feliz o si está teniendo un buen día. Casi sin falta, ella dirá sí, a menudo con un asentimiento afirmativo de su cabeza y una sonrisa. En esos momentos agradezco a Dios que esté libre de las emociones negativas que acompañarían la comprensión de su enfermedad, como la tristeza, el temor y el enojo. En su etapa actual de la enfermedad, ella verbaliza mucho, pero es imposible entender el 99 por ciento de lo que dice. Si recordaba que era una patóloga del habla, creo que la incapacidad para comunicarse sería muy difícil de aceptar para ella».

Humor

Sara: Roberto va a una guardería de adultos dos veces a la semana y un viernes decidió que tenía que vestirse. Cuando llegamos a casa, dijo: «Necesito cambiarme la ropa». Se metió en la habitación por un largo rato. Cuando salió, preguntó: «¿Se ve bien?». Llevaba puestos un par de mis pantalones de esos que solo llegan hasta media pierna, con sus zapatos de vestir y sus calcetines negros. Todo lo que pude hacer fue contener la risa. No sé cómo pudo ponerse esos pantalones. ¡Te tienes que reír! Hay algunas cosas que son graciosas, hay que reírse de ellas porque nunca volverán a suceder en la vida.

Elisabet: Antonio tiene algunas pequeñas alucinaciones. Tenemos una persona, Pedro, que se queda con él en los días que yo cuido a nuestra pequeña nieta. Antonio seguía diciéndole a Pedro que estaba seguro de que yo iba a volver a casa en un Jeep. Se quedó sentado en la sala de la casa mirando por la ventana, esperando que yo llegara a casa con el Jeep. Normalmente, Pedro lo lleva a la casa de nuestro hijo, donde yo cuido de la nieta hasta tarde. Pero ese día, Antonio no salía de la casa. Así que Pedro me llamó y me dijo: «Antonio no sale de casa esta tarde, porque piensa que vas a regresar con un Jeep o un Corvette rojo».

No tengo ni idea de dónde surgió eso, ¡y yo no voy a pararme en un concesionario de autos! Eso lo mencionó de nuevo esta mañana. Él dijo: «Creo que he oído a mi regalo subiendo la calle». Él está pensando que un auto viene para él, así que espero que nos lo regalen de alguna forma.

¿QUÉ TE AYUDA A «SEGUIR FIRME Y ADELANTE»?

Grupo de apoyo

Elisabet: Este grupo de apoyo ha sido un recurso muy bueno. No sé si todos tienen la oportunidad de ser parte de un grupo. Todos ustedes me han ayudado.

Ángela: Ha sido muy útil para mí estar en este grupo de apoyo. Mi marido todavía está en las primeras etapas y Laura me preguntó una vez: «Cuando nos oyes hablar acerca de nuestros cónyuges que están más avanzados y de algunas de nuestras pruebas, ¿es eso duro para ti?». No, me ayuda mucho escucharles a todos ustedes, de modo que cuando yo llegue a esa situación, ya tenga sus palabras de sabiduría. Este grupo de apoyo me ha sido muy útil en ese sentido.

Carmen: Aunque estamos aquí en este grupo para nuestro propio beneficio, en realidad estamos haciendo esto con el fin de poder ser mejores cuidadores para ellos.

Sara: Un grupo de apoyo es de verdad una gran idea. No sé qué haría sin este.

La ayuda de otros

Sara: Es imposible hacerlo tú sola y he aprendido a no tener temor de pedir ayuda a la gente. Esa fue una de las cosas más difíciles para mí porque siempre fui una persona que da, haciendo cosas por los demás. Tienes que aceptar que, como cuidador, no puedes hacerlo sola. Pide ayuda si la necesitas.

Laura: Con frecuencia la gente quiere ayudar, pero no tienen idea de qué hacer. Pensar en lo que me ayuda a llenar mi depósito de amor es una buena manera de manejarlo. Tengo muchos que están dispuestos a venir para limpiar los pisos, pero lo que realmente necesito es saber que Dionisio está bien, y que yo puedo salir y tener un descanso por un rato. Así que es importante para mí decirle a alguien lo que necesito.

Aprender

Ángela: Creo que el conocimiento es poder. Ha sido muy importante para mí aprender todo lo que pude sobre esta enfermedad.

La fe

Ángela: Mi fe, no hubiera logrado pasar los últimos dos años sin la paz que viene de mi Salvador.

Sara: Lo más fuerte en mí es mi fe. Recurro a la Palabra de Dios todos los días porque me da fuerzas como cuidadora saber que no estoy sola. Dios está conmigo y me ayuda.

Mantener la promesa

Carmen: Lo primero que me viene a mi mente son los votos matrimoniales que le hice a mi marido. Nos dijimos el uno al otro que estaríamos unidos «en lo bueno o en lo malo, en salud o en enfermedad», y esto es obviamente lo peor. Debemos ser leales. Tenemos que estar allí para ellos, y ellos lo esperan.

Las pequeñas cosas

Juan: Esas pequeñas frases que él o ella te dan, que puede que no sea una frase completa, pero significa algo, y es muy dulce. Así que aférrate a esas pequeñas cosas y úsalas para tu motivación.

Elije hesed

Ed le dijo a Ricardo: «Tú y Estefanía llevan ahora diez años casados, pero tenías más de cincuenta años y ella más de cuarenta cuando se casaron. Este es tu segundo matrimonio y fue el primero de ella. Ha tenido menos años de matrimonio que la mayoría de los que están aquí. ¿Ha sido para ti más difícil seguir junto a tu esposa? ¿Crees que, como este segundo matrimonio ha resultado tan diferente, que puedes aguantar con todo esto que ha sucedido?».

Ricardo: Al principio pensé en llamar a los padres de Estefanía y decirles: «Su hija está gravemente enferma. Yo no puedo manejar esta situación. ¿Pueden venir a buscarla?». Sabía por la poca relación que había tenido con ellos que eran ancianos y sabía también que a sus hermanos realmente no les importaba, así que ella en realidad no tenía a nadie más.

Ella no era una persona fácil cuando nos casamos, incluso antes de enfermar, pero creo que mucho de eso fue el comienzo de su enfermedad. Habría sido muy fácil para mí decir: «Sencillamente no puedo hacerlo. El interés recibido por mi inversión emocional ha sido muy pobre».

Pero de verdad siento que nuestro amor se ha hecho más fuerte debido a esta enfermedad. Ella se ha convertido en un niño para mí, un niño que me encanta, y alguien por quien haría cualquier cosa. Cuidar de ella ha sido una amenaza para mi salud. Ha sido un sacrificio increíble. He tenido familiares cercanos que han fallecido y no he podido ir a sus funerales, porque ella ya no puede viajar. Un montón de sacrificios, pero la quiero mucho, mucho, la amo como esposa, la amo en la forma infantil en que ella se encuentra. Estoy muy contento de no haber seguido con mis pensamientos iniciales de tal vez haber abandonado.

«Siento de verdad que nuestro amor se ha hecho más fuerte debido a esta enfermedad. Ella se ha convertido en un niño para mí, un niño que me encanta, y alguien por quien haría cualquier cosa». —Ricardo

Cómo encontrar sentido a cuidar de una persona con demencia

Laura: No hace mucho tiempo, me di cuenta de que estaba contenta de que esto le estaba sucediendo a Dionisio en vez de a mí, porque no creo que él hubiera podido soportar esta angustia.

Sencillamente no creo que él hubiera podido hacerlo, y yo, de alguna manera, voy lograrlo. Supe entonces que lo amaba más de lo que había reconocido, y que nunca seré capaz de expresar, pero espero que él pueda sentirlo. Creo que vamos creciendo en esto. Creo que es la mejor parte de nosotros mismos. Realmente es lo más importante que haremos en la vida.

Sara: Dios da dones diferentes a diferentes personas. Te detienes y piensas: ¿no es este el don que Él me dio a mí, el de cuidar? No puedo imaginar hacer otra cosa en mi vida ahora mismo que cuidar de Roberto.

Juan: Veo en cada aspecto que cada uno ha mencionado que tratamos de demostrar nuestro amor procurando apoyarlos, abogando por ellos en el consultorio del médico, asegurándonos de que están correctamente vestidos antes de salir de casa. Como Sara dijo, sabemos que si la situación fuera al revés, que nosotros fuéramos los enfermos, ellos lo harían por nosotros, y probablemente mejor.

¿Me permiten leerles una cita de un libro que me gusta mucho? Es una cita del libro *Thoughtful Dementia Care: Understanding the Dementia Experience* [El cuidado considerado en la demencia: Entendamos la experiencia de la demencia]: «Unos pocos cuidadores dijeron que pensaban que su cónyuge tenía demencia porque ellos, los cuidadores, estaban siendo castigados por Dios. Cuando la demencia se presenta en su familia, podría verse en cambio como un don divino para enseñarnos a cuidar de forma totalmente desinteresada».[1] Pienso en esa última frase. Podemos verlo como que estamos siendo castigados o podemos darle la vuelta y pensar que es nuestra manera de mostrar amor desinteresado. Creo que eso es lo que todos nosotros hacemos.

---

1. Jennifer Ghent-Fuller, *Thoughtful Dementia Care: Understanding the Dementia Experience*, primera edición. Thoughtful Dementia Care, Inc., 2012, en Kindle, p. 166.

Recuerda

Ángela: Todavía puedo ver el amor en los ojos de mi marido y en su sonrisa, por muy pequeño que eso pueda ser. Esa sonrisa significa mucho para mí, así que quiero realmente aferrarme a esos recuerdos a medida que la enfermedad progresa. Aferrarnos a ese poco es lo que de verdad nos ayuda a tener todavía una parte de ellos y lo que ellos eran o son para nosotros.

Juan: En las primeras etapas, ellos te preguntan algo una y otra y otra vez. Recuerda eso, porque un día, a lo largo del camino, ya no escucharás más su voz.

«En las primeras etapas, ellos te preguntan algo una y otra y otra vez. Recuerda eso, porque un día, a lo largo del camino, ya no escucharás más su voz». —JUAN

EN CONCLUSIÓN

Ed dirigiéndose a Gary: Una de las metáforas que leí en *Los 5 lenguajes del amor* y que se me quedó muy grabada fue la imagen de un depósito de amor emocional. Cuando una pareja casada viene buscando consejo, sus depósitos emocionales del amor a menudo tienen agujeros. Creo que la misma metáfora se aplica a los cuidadores, excepto que quizá, en lugar de un agujero, puede ser un colador. Algunos de los participantes en nuestro grupo han hablado muy claramente del vacío del depósito y de lo difícil que es mantenerlo lleno. ¿Me pregunto si podrías darnos a conocer tus pensamientos, dados tus muchos años de experiencia con esta idea, y ahora que has estado con nosotros en algunos grupos de apoyo?

Gary: Uno de mis pensamientos es que todos nosotros, sin importar nuestro estado en la vida, tenemos la necesidad emocional de sentirnos queridos por las personas más importantes de nuestra vida. Si te sientes amado por la gente importante en tu vida, el depósito del amor está lleno, la vida es hermosa y podemos procesar las cosas bastante bien. Si el depósito del amor está vacío y sientes que en realidad nadie se interesa por ti, la vida puede parecer bastante oscura. Creo que buena parte de la mala conducta de la gente surge a menudo del hecho de que su depósito del amor está vacío. Su mala conducta es un esfuerzo para llenar el depósito del amor.

En su situación actual, ustedes no están recibiendo gran cantidad de respuesta de amor de parte de la persona más significativa en su vida, su cónyuge. Pero hay otras personas importantes en su vida: los hijos, sus padres que puede que todavía vivan o uno o dos amigos cercanos. Creo que muchas personas, en particular su círculo íntimo de amigos, quieren de verdad ayudar, pero puede que no sepan cómo. Creo que podría serles de gran valor compartir el concepto de los lenguajes del amor con las personas importante en su vida y decirles: «Llena este cuestionario y dime cuál es tu lenguaje del amor, y yo también voy a hacerlo y te diré cuál es el mío».

Si ellos tienen la información necesaria sobre qué hacer para que ustedes se sientan queridos, es más probable que lo hagan. Si saben, por ejemplo, que su lenguaje del amor es *Tiempo de calidad*, podrían llamarlos con más frecuencia y decir: «¿Puedo ir a buscarte para llevarte a almorzar o puedo ir a tu casa para charlar contigo un rato?». Si ustedes comparten el concepto de los lenguajes del amor con su círculo de personas significativas, eso podría enriquecer las relaciones de todos. No solo las suyas, sino la de ellos también.

La otra idea que les doy sobre los lenguajes del amor en las relaciones normales es que podemos recibir amor en los cinco lenguajes; todos nosotros podemos. Ustedes dan grandes dosis del lenguaje primario del amor, entonces luego los rocían con los otros cuatro, como una especie de beneficio extra. Sea cual sea la etapa de la demencia en que se encuentra, los cinco lenguajes pueden ser significativos para la persona. Pero si puedes reflexionar sobre lo que su lenguaje primario podría haber sido, eso todavía podría ser muy significativo para ellos, dependiendo de la etapa en que se encuentran en la enfermedad.

8

La experiencia que nadie quiere tener

«Cuando ya no podemos cambiar una situación,
somos retados a cambiarnos a nosotros mismos».
—Viktor Frankl, *El hombre en busca de sentido*

UNA NOTA DE PARTE DE ED

«ES LO QUE ES».

Los que han estado con Rebecca en su experiencia con el deterioro cognitivo leve y la enfermedad de Alzheimer reconocen estas palabras que ella decía con frecuencia en respuesta a preguntas como: «¿Cómo está tu cerebro?» o «¿Cómo estás?». Me pregunto a menudo que diría acerca de los últimos nueve años de su vida. Qué gran diario podría haber escrito si ella hubiera sido capaz de mantener uno. Ella no habría preguntado: «¿Por qué yo?». Más bien habría dicho: «¿Por qué no yo?», como lo hizo cuando se enfrentó a otras pruebas en su vida.

Si bien algunos pueden decir que «¿por qué no yo?» es un acto de fe ciega, para Rebecca sería una declaración de completa confianza en Dios. Ella solía hablar de estar loca y triste. Rebecca aborreció su enfermedad de Alzheimer y luchó contra la enfermedad a cada paso del camino. No le gustaba decir la palabra «Alzheimer». Eso le recordaba quién no era, en vez de quién era. Como una persona que prefería un mundo ordenado, la desorganización progresiva, incluso el caos, que la enfermedad le causaba era una inmensa frustración para ella, especialmente al principio. Se habría alegrado de que una pérdida de conocimiento de lo que le estaba sucediendo acompañara a la pérdida de la función y eso lo hubiera visto como la parte misericordiosa de su enfermedad. Pero más que loca, ella estaría triste, triste por no poder envejecer conmigo, triste porque no vería a todas sus hijas crecer y realizar toda su potencialidad. Habría estado triste por no poder ver a sus nietos hacer lo mismo.

A Rebecca le gustaban mucho los niños. Tener en sus brazos a un bebé que lloraba, el suyo o el de los otros en la guardería de la iglesia, caminando y meciéndolos, susurrándoles suavemente hasta que se dormían en sus brazos, es lo que le encantaba hacer, tal vez más que cualquier otra cosa en el mundo. Ella solía expresar palabras de gratitud por haber podido tocar las vidas de sus nietos, Pablo e Isaías. Ellos ciertamente tocaron la suya.

Tal vez más que cualquier otra cosa, Rebecca expresaría gratitud por el amor y el cuidado compasivo que ha recibido de su familia, amigos y cuidadores, que ella no ha sido una carga, sino más bien la receptora de *hesed,* el amor intencional y sacrificial de aquellos cuyas vidas ella había tocado con su espíritu apacible, y a cambio la han servido con una alegría triste. Ella también se sentiría contenta porque su experiencia con la enfermedad de Alzheimer haya tocado tantas vidas, porque sería un estímulo para otros diagnosticados con demencia, dando testimonio de que su vida todavía puede tener sentido, que hay mucho que dar, incluso en la situación de una enfermedad neurodegenerativa incurable.

Tal como Rebecca, también he aprendido a confiar en Dios. La mejor manera que puedo explicar esto es con una metáfora de conducir un auto. Un auto tiene un parabrisas para ver por medio de él cuando vas conduciendo hacia delante, y también un espejo retrovisor para mostrar lo que está detrás. Cuando miro al espejo retrovisor y veo la vida que he disfrutado con Rebecca, desde la dulzura de nuestra relación hasta la alegría de nuestras hijas y ahora nietos, mi respuesta es de gratitud, reconociendo que las cosas buenas de la vida son de hecho una bendición de Dios.

Al mirar a través del parabrisas a lo que está por delante, veo un camino que tiene giros y vueltas, oscuridad e incertidumbre. Es el viaje a lo largo de un camino no elegido. Mi corazón me dice que el Dios que alabo mirando en el espejo retrovisor es un Dios bueno, mientras que cuestiono el carácter y el poder del Dios que está por delante. Mi cabeza me dice que no puede haber dos Dioses, uno bueno y otro malo, deben ser uno y el mismo. Es en esa lucha que mi fe se ha fortalecido; y la confianza, el sustantivo, ha dado lugar a confiar, el verbo. Y al igual que Rebecca, he visto mucho bueno venir de esta experiencia de ella con la enfermedad de Alzheimer. Mis hijas Erin, Leah, Carrie y yo estamos más cerca que nunca. Hemos aprendido a sostenernos unos a otros. Dependemos unos de otros. Otras relaciones también se han fortalecido con miembros de la familia, amigos y compañeros de trabajo. Ellos han derramado su amor voluntaria y libremente.

El Programa de Asesoramiento de la Memoria, ahora un programa de la Clínica Bautista en Wake Forest, no existía hace cinco años, y no existiría si Rebecca no hubiera contraído la enfermedad de Alzheimer. Este programa de asesoramiento ha servido a cientos de personas, parejas y familias afectadas por la demencia mediante sesiones de asesoramiento y grupos de apoyo. Este libro y los cinco lenguajes del amor, nosotros (Debbie, Gary y yo) confiamos en que serán un valioso recurso para los que se encuentran en lo que a menudo se siente como un lugar oscuro y solitario, ya sea la persona con demencia, su cuidador o alguien que intenta entender cómo ayudar. Por último, esperamos que el lector encuentre *shalom*, la palabra hebrea para paz, mediante estas palabras que han sido moldeadas por las experiencias de los que se encuentran afectados por la demencia.

UNA NOTA DE PARTE DE DEBBIE

No esperaba que la experiencia de escribir este libro me cambiara, pero lo hizo. He quedado profundamente conmovida por el amor sincero y desinteresado de los increíbles cuidadores que he llegado a admirar tanto. Su amor leal, sus lágrimas, su gran sinceridad sobre sus luchas y su buen humor a pesar de todo me mostraron, por comparación, lo poco que yo amo. El ejemplo de estos cuidadores me reta a hacer un mejor trabajo de amar a mi familia, a mis amigos y a todos los que se cruzan en mi camino, especialmente a los que son los más difíciles de amar: los que no tienen deseo o capacidad de amarme. Como una persona con una profunda fe en Dios, he sabido durante mucho tiempo la importancia que tiene amar a los demás, pero ahora estos cuidadores me inspiran y me motivan a llevar el amor a un nuevo nivel. La historia de Graciela en particular me mostró que cuando el amor es dado con sinceridad desde el corazón, incluso cuando ese amor es rechazado o no correspondido, el dador puede encontrar satisfacción y, a veces, incluso alegría. Ella es una prueba viviente de que todos necesitamos recibir *y* dar amor.

Muchos cuidadores dicen que no hay nada extraordinario en su amor sacrificial y en el cuidado leal de su ser querido. Dicen que solo están haciendo lo que saben que su ser querido habría hecho por ellos si la situación fuera al revés. El desinterés es ahora una forma de vida para ellos. Sin embargo, la mayoría de ellos no comenzó con esa mentalidad. Para muchos, empezó como una experiencia de lágrimas, temores y momentos de desesperación, impulsados por el valor y la fuerza de voluntad para seguir avanzando hacia lo desconocido. Ellos no abandonaron, sino que decidieron quedarse y siguen al lado de sus cónyuges, por amor y lealtad.

Así como los músculos se ponen un poco más fuertes cada vez que se ejercitan, he llegado a creer que cuando los cuidadores eligen hacer lo difícil, amar intencionalmente una y otra vez, aunque puede ser imperceptible para ellos, son lentamente cambiados en formas positivas. Sin duda, cada cuidador que conozco tiene días buenos y otros no tan buenos mientras continúa en la rutina diaria de cuidar; ninguno de ellos lo hace perfectamente y ninguno diría que ya ha «llegado». Sin embargo, los que ya llevan mucho tiempo sirviendo como cuidadores no son los mismos que una vez fueron. Debido a la enfermedad que invadió sus vidas y lo cambió todo, paradójicamente, ellos ahora *son* mejores que antes: más fuertes, más seguros, más pacientes y más resistentes. Pero ninguno de ellos eligió este camino. Nadie lo elegiría jamás; la demencia es realmente una experiencia que nadie quiere pasar.

Al ser una educadora y promotora de la salud, también pienso en la experiencia de la demencia en su contexto más amplio: la epidemia de Alzheimer que está aumentando a nuestro alrededor. En la actualidad, 5.4 millones de estadounidenses padecen la EA.[1] Debido a que la edad avanzada es el mayor factor de riesgo, ahora que los nacidos después de la Segunda Guerra Mundial se están convirtiendo en adultos mayores y la gente vive más tiempo que nunca, se espera que el número de personas con la EA aumente sin cesar. Si no logramos disponer de una cura para el año 2050, se estima que por lo menos 13.8 millones de estadounidenses padecerán la enfermedad, mientras otros estiman que alcanzará los 16 millones.[2] Si estas predicciones se hacen realidad, el costo de la EA y otras demencias, que actualmente es de 236 mil millones de dólares anuales, se dispararán también. Las proyecciones para el 2050 son astronómicas en cantidad de dólares.[3]

---

1. Alzheimer's Association, «2016 Alzheimer's Disease Facts and Figures», http://www.alz.org/documents_custom/2016-facts-and-figures.pdf, p. 17.
2. Ibíd., p. 23.
3. Ibíd., p. 56.

¿Cómo responderá nuestra nación a este maremoto de pacientes con demencia?

Si los lectores retienen solo un mensaje de este libro, espero que sea, en palabras del investigador en el capítulo 4, que «la vida emocional del paciente de Alzheimer está viva y bien». Espero también haber demostrado que esto es cierto incluso cuando el comportamiento de una persona nos llevaría a una conclusión diferente. A la luz de esto, es muy triste que, de acuerdo con los estudios citados en el capítulo 3, aproximadamente la mitad de todos los pacientes con demencia sean abusados o maltratados. Claramente, muy pocos cuidadores son tan desinteresados, cariñosos e inspiradores como los que encontramos durante la preparación de este libro. La pregunta inquietante que debe hacerse es, si el número de pacientes se triplica en el 2050 como se predice: ¿cuán seguros van a estar ellos? ¿Será suficiente el conocimiento generalizado de su conciencia emocional para asegurarse de que serán tratados con bondad y en formas que preserven su dignidad? ¿O los costos exorbitantes y el gran volumen de pacientes tan gravoso para el sistema de salud y el cansancio de la sociedad en su conjunto harán que las personas con demencia queden devaluadas y su bienestar comprometido?

A lo largo de los capítulos de este libro, la palabra *hesed* ha sido un tema recurrente. Hemos utilizado esta palabra para describir la «norma de oro» del cuidado en la demencia: el amor leal, misericordioso e intencional que interviene a favor del ser querido y acude a su rescate. En la antigüedad, esta palabra hebrea se usó para describir el amor de Dios mismo por la humanidad. Nunca ha habido un amor más elevado que el *hesed* de Dios, y es ese amor, nos cuentan muchos cuidadores, el que les ha permitido amar a la persona a su cuidado.

A menos que se encuentre una cura eficaz, es seguro que la demencia continuará destejiendo un tapiz familiar tras otro en los próximos años. Como nación y como comunidades, debemos comenzar ahora a pensar de manera proactiva sobre cómo vamos a proteger, legislar a favor de ellos y defender compasivamente a millones de personas con la experiencia de la demencia. Si aceptamos que *hesed* sea nuestro principio rector y si colectivamente lo cumplimos, el agravamiento, el maltrato y el abuso no tendrán lugar en la epidemia que se avecina.

No puedo pensar en que este libro tenga un mejor fruto que ayudar a crear este tipo de futuro para todos aquellos con la experiencia de la demencia.

Apéndice A

40 maneras de decir: «Te quiero» en las etapas media y avanzada de la demencia

Las investigaciones realizadas por Logsdon y Teri[1] indican que hay veinte «actividades agradables» que disfrutan las personas con demencia. Hemos combinado esas actividades con una lista de *Creating Moments of Joy*[2] de Jolene Brackey, y también hemos agregado algunas de nuestras propias ideas. A continuación aparecen agrupadas todas esas sugerencias dentro del marco de los cinco lenguajes del amor. A medida que surge la oportunidad, deja que la lista te guíe en la expresión creativa del amor. Recuerda que cuanto más avanzada está una persona en su enfermedad, más simple deben ser las expresiones de amor.

ACTOS DE BONDAD (ACTOS DE SERVICIO)

- ☐ Míralos directamente a los ojos cuando te hablan sin importar lo que dicen o cómo lo dicen.
- ☐ Inclúyelos en las conversaciones (en lugar de hablar acerca de ellos como si no estuvieran presentes).

---

1. Rebecca G. Logsdon y Linda Teri, «The Pleasant Events Schedule-AD: Psychometric Properties and Relationship to Depression and Cognition in Alzheimer's Disease Patients», *The Gerontologist* 37, no. 1, 1997, pp. 40-45.

2. Adaptado de Jolene Brackey, *Creating Moments of Joy for Persons with Alzheimer's or Dementia*, cuarta edición. Usado con permiso de Purdue University Press.

- ☐ Permíteles que ayuden en la cocina y en la casa en general, siempre y cuando puedan contribuir de alguna manera.
- ☐ Ayúdalos a arreglarse (maquillarse, afeitarse, peinarse, escoger la ropa).
- ☐ Aboga por ellos.
- ☐ Sonríeles cada vez que te los encuentres.
- ☐ Las personas que padecen la EA tienen dificultades para tomar decisiones, no obstante, se sienten devaluados si no se les permite participar en decisiones que los afectan. Así, pues, déjalos que elijan entre dos opciones que ya has aprobado (camisa azul o camisa roja).
- ☐ Cuando se quejan o se muestran delirantes, empatiza con ellos («siento mucho que eso pasó»), entonces suavemente distráelos con algo agradable.
- ☐ Déjales que tengan razón.

PALABRAS DE AFIRMACIÓN

- ☐ Diles: «Te quiero».
- ☐ Responde a cada pregunta repetida que te hacen como si fuera la primera vez.
- ☐ Habla con ellos (incluso si no pueden seguir la conversación) acerca de su vida: crecimiento, matrimonio, hijos, nietos, trabajo y aficiones.
- ☐ Diles que se ven guapos o guapas (incluso si llevan puestas las mismas ropas que ayer y están sucias).
- ☐ Ayúdales a escribir una tarjeta o carta, y a firmarla.
- ☐ Cántales una canción conocida cuando se van a dormir.
- ☐ Diles que tú has cuidado de todo.
- ☐ Diles que te sientes orgulloso de todo lo que ellos han logrado hacer en la vida.
- ☐ Presume acerca de ellos cuando otros estén presentes.

DAR REGALOS

- ☐ Dales unos bombones de chocolate, un poco de helado, galletas o cualquier otra cosa que a ellos les guste.
- ☐ Dales un paquete sorpresa para que ellos lo abran.
- ☐ Envíales una tarjeta por el correo postal.
- ☐ Dales un iPod cargado con música de su tiempo de adolescencia o juventud.
- ☐ Regálales un libro para colorear con algunos marcadores o lápices de colores.
- ☐ Sé generoso con el regalo de tu tiempo.

MOMENTOS DE CALIDAD (TIEMPO DE CALIDAD)

- ☐ Lee para ellos o, si ellos pueden, déjales que te lean a ti o a un nieto.
- ☐ Recuerda buenos tiempos del pasado o sucesos familiares importantes mientras ven un álbum de fotos o una película de la familia.
- ☐ Vean juntos una y otra vez una película favorita.
- ☐ Salgan juntos a dar un paseo en auto.
- ☐ Hornea unas galletas o dulces.
- ☐ Ríete, puede que ellos se unan a tu risa.
- ☐ Pinta un libro para colorear o haz un rompecabezas con ellos.
- ☐ Cuéntales historias familiares.

CONTACTO FÍSICO

- ☐ Tómalos del brazo o de la mano y sal a dar un paseo con ellos.
- ☐ Dales un abrazo (y un beso, si es apropiado).
- ☐ Siéntate cerca de ellos y toma su mano si están temerosos, enojados o agitados.
- ☐ Frota sus pies o espalda, o acaricia suavemente sus mejillas.

- ☐ Déjales que sostengan en sus brazos un bebé, una mascota o un muñeco.
- ☐ Pon esmalte para las uñas en las uñas de sus dedos de manos y pies.
- ☐ Danza con ellos al compás de la música.
- ☐ Dales un masaje en las manos y brazos con una loción.

Apéndice B

Para los que quieren saber más

Lóbulos del cerebro (capítulo 4)
Apegos (capítulo 5)
Demencias que no son Alzheimer (capítulo 6)

LÓBULOS DEL CEREBRO[1,2]

El cerebro es muy complejo. Como mencionamos en el capítulo 4, ningún área del cerebro trabaja aisladamente. Ten esto en cuenta al considerar las funciones específicas de cada lóbulo del cerebro que se mencionan a continuación. Cada lóbulo es un componente vital de la intrincada red de neuronas interconectadas del cerebro (células nerviosas).

Los lóbulos frontales: El centro de gestión

Los lóbulos frontales comprenden el centro de manejo del cerebro. Estos lóbulos gobiernan las funciones cerebrales que caracterizan los diferentes aspectos de la personalidad humana, incluso:

1. Steven A. Goldman, «Brain», Merck Manual, Consumer Version, https://www.merckmanuals.com/home/brain,-spinal-cord,-and-nerve-disorders/biology-of-the-nervous-system/brain.

2. Brain Injury Alliance of Utah, «Cognitive Skills of the Brain», http://biau.org/about-brain-injuries/cognitive-skills-of-the-brain/.

- Control de los impulsos
- Comportamiento social (mucho del cual está basado en nuestra moral y valores)
- Motivación
- Razonamiento
- Juicio
- Visión
- Función ejecutiva

La función ejecutiva incluye la capacidad de prestar atención, concentrarse, permanecer en la tarea, planificar, resolver problemas y realizar multitareas. «Las funciones ejecutivas son las más... complejas de las funciones biológicas en el universo conocido», escribió el doctor J. Riley McCarten. «Casi la mitad del cerebro —los lóbulos frontales— está dedicada a la función ejecutiva».[3] Los lóbulos frontales también están involucrados en la expresión del lenguaje, el control del movimiento, el olfato, el apetito y el gusto. Estos lóbulos también albergan las neuronas espejo. «Las neuronas espejo», explicó la doctora Christina Hugenschmidt, «son las que te hacen sentir triste cuando alguien está llorando. Te permiten adoptar la perspectiva de otra persona, tener empatía. La empatía significa que puedo notar algo y decir: "eso es lo que ella querría", lo que significa que eres capaz de pensarlo desde la perspectiva de otra persona».

El daño a diferentes partes de los lóbulos frontales da lugar a varios problemas. Cuando el área de Broca, en el lóbulo frontal izquierdo, está dañada, una persona tiene dificultad con la expresión verbal. Si la parte media del lóbulo frontal está dañada, la gente se vuelve apática y desmotivada, lo que puede parecer depresión, pero no lo es. Si la parte delantera está dañada, se produce desinhibición, lo que

---

3. J. Riley McCarten, «Clinical evaluation of early cognitive symptoms», *Clin Geriatr Med.* 29, no. 4, 2013, pp. 791-807. doi: 10.1016/j.cger.2013.07.005.

hace a la persona propensa a discutir, jurar o hacer cosas socialmente inapropiadas, sin la comprensión de que lo que ha dicho o hecho es vergonzoso o incorrecto.

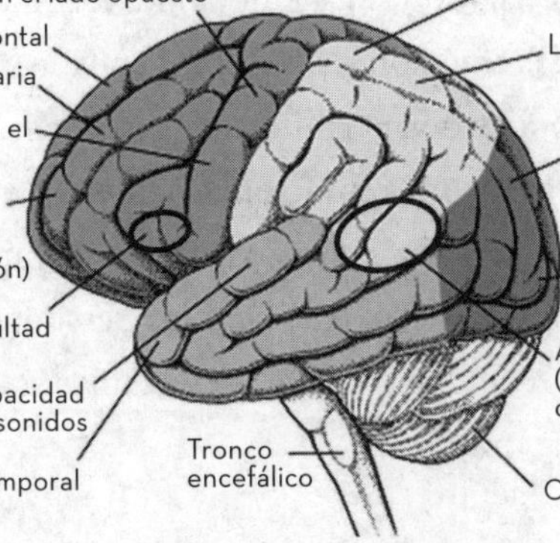

Cuando están dañadas áreas específicas del cerebro

Tomado de la versión del Manual del Consumidor de Merck (conocido en EE.UU. y Canadá como el Merck Manual y el MSD Manual en el resto del mundo), editado por Robert Porter. Derechos de autor 2015 por la Merck Sharp & Dohme Corp., una empresa subsidiaria de Merck & Co., Inc, Kenilworth, NJ. Disponible en http://www.merckmanuals.com/consumer en inglés. Consultado el 3 febrero de 2016.

Los lóbulos temporales: El centro de la memoria y las emociones

Los lóbulos temporales ocupan la mitad inferior del cerebro, debajo de las sienes que se extienden hacia los oídos a ambos lados de la cabeza. Estos lóbulos son importantes para la memoria, para integrar el oído y el habla, y para entender el lenguaje. Un hipocampo se aloja en cada lóbulo temporal. Los hipocampos son importantes para formar y almacenar nuevos recuerdos y para recuperar recuerdos a largo plazo, así nos ayudan a aprender nueva información. Los hipocampos también procesan recuerdos verbales (palabras que se leen, hablan o escuchan) y memorias visuales (objetos, rostros y lugares). El síntoma más característico de la enfermedad de Alzheimer, la pérdida de memoria, es causada por el daño al hipocampo. Cerca de cada hipocampo, ambos lóbulos temporales albergan otra estructura llamada amígdala, que integra emociones, aprendizaje emocional y memoria emocional. (Muchos de nuestros recuerdos tienen un componente emocional, de ahí la expresión *memoria emocional*). La amígdala, que gobierna todas las emociones humanas, también nos permite reconocer las emociones que vemos en las expresiones faciales. Los lóbulos temporales nos permiten ser conscientes de la música y vincular la música a personas emocionalmente importantes y sucesos de la vida. Debido a los daños en los lóbulos temporales, los individuos con Alzheimer pueden olvidar a las personas más cercanas a ellos y perder los recuerdos emocionales asociados con el amor y el cuidado de esas personas.

Los lóbulos parietales: El navegador interno

Los lóbulos parietales comprenden la mitad superior del cerebro hacia la espalda. Están ubicados detrás del lóbulo frontal y por encima de los lóbulos temporales. Estos lóbulos interpretan la información procedente de nuestros cinco sentidos y aspectos de la percepción visual que nos hablan acerca del tamaño, la forma, el color y la profundidad de los objetos. Los lóbulos parietales también ayudan en el reconocimiento de objetos y rostros familiares. Alguien con demencia que involucra los lóbulos parietales podría acercarse a un extraño y hablar con ellos como si él o ella fuera un amigo del pasado. El extraño probablemente tenía una forma de cara similar a alguien conocido en el pasado, pero con el lóbulo parietal dañado, el PCD ya no recordaba los detalles precisos de cómo era esa persona.

Junto con los lóbulos temporales, los lóbulos parietales ayudan con las habilidades matemáticas y comprensión del lenguaje. Los lóbulos parietales también ayudan con la función visual y espacial. Esta función nos permite orientarnos en el espacio tridimensional, incluso distinguir la derecha de la izquierda, lo que es importante en toda actividad física, incluso actividades cotidianas como subir y bajar escaleras y conducir. La deficiencia de la función visual y espacial es una de las razones por las que los individuos con la EA, a la larga, tienen dificultad para conducir, una actividad compleja que implica la integración de funciones visuales y espaciales, de memoria y de lenguaje. Hacer un juicio sobre la capacidad para conducir de un paciente es una de las evaluaciones más difíciles que un médico de demencia tiene que hacer, y perder la capacidad para conducir es una de las partes más difíciles de la experiencia de la EA.

Los lóbulos occipitales: Las computadoras que procesan la visión

Los lóbulos occipitales están localizados en la parte posterior del cerebro y son responsables del procesamiento de la información visual observada por los ojos. Los lóbulos occipitales no suelen estar afectados en la enfermedad de Alzheimer, pero sí juegan un papel en un tipo raro de demencia llamada atrofia cortical posterior (ACP). La ACP comienza a menudo con dificultades en tareas visuales como la lectura. Los expertos aún no han determinado si la ACP es un tipo único de demencia o una variación de la enfermedad de Alzheimer.[4]

APEGOS

Durante la última década, se ha logrado un gran avance en la comprensión de la base cerebral de las relaciones, también conocida como «neurobiología interpersonal». El trabajo de la doctora Bonnie Badenoch, una terapeuta familiar e instructora en la Universidad Estatal

4. Alzheimer's Association, «Posterior Cortical Atrophy», http://www.alz.org/dementia/posterior-cortical-atrophy.asp.

de Portland, ha sido fundamental en este entendimiento.[5,6] Ella describe varios componentes que ayudan a formar y mantener nuestro apego a nuestros seres queridos. El apego, simplemente definido, es el vínculo emocional entre las personas. Los apegos comienzan al nacer —de hecho, los primeros apegos son los más importantes— y se forman durante la infancia, la adolescencia y la edad adulta.

Al principio del capítulo 5 hablamos sobre la dopamina, el elemento químico del cerebro que de forma natural nos recompensa cuando damos o recibimos amor. La doctora Badenoch dice que la dopamina no solo está involucrada en la recompensa, sino también en la búsqueda de la relación con las personas en nuestra vida con quienes necesitamos conexión. Ella llama a esto «el sistema de búsqueda». Como señalamos en el capítulo 5, cuando estamos desconectados de los que amamos, experimentamos la angustia de la separación, el pánico y el dolor. Buscamos de manera natural la reconexión, y cuanto más difícil sea volver a conectarse, más se aferra el buscador emocional y físicamente a aquellos con quienes él o ella están tratando de conectarse. En ausencia de reconexión, el buscador expresará emociones negativas tales como ira (incluso rabia), tristeza y ansiedad. Esta puede ser la razón subyacente de muchos de los comportamientos negativos, incluso la agitación y el deseo de «ir a casa», que a menudo vemos en aquellos con demencia. A menudo, los miembros de la familia responden a este aferramiento emocional y físico alejándose de ellos, cuando lo que realmente se necesita es el apego y la conexión.

En el contexto de las personas con demencia, a medida que la memoria se desvanece, la demencia separa progresivamente al indivi-

---

5. Bonnie Badenoch, *Being a BrainWise Therapist: A Practical Guide to Interpersonal Neurobiology*, primera edición (Nueva York: W. W. Norton & Company), 2008.

6. Attachment & Emotion Regulation: Brain-Based Therapy and Practical Neuroscience, audio CD, PESI, Inc. CMI Education. Copyright 2012.

duo afectado de sus apegos básicos con los padres, hermanos, cónyuge e hijos. A su vez, los seres queridos están experimentando pérdidas de apego similares con su cónyuge o padres en un proceso de dolor continuo. Muchos de los pensamientos, emociones y comportamientos desafiantes que se observan en la persona con Alzheimer y su familia son el resultado de la pérdida de apego.

Los cinco lenguajes del amor son herramientas que ayudan a los seres queridos a restablecer o mantener la mayor conexión posible, siendo siempre conscientes de que el Alzheimer es una enfermedad neurodegenerativa. Eso significa, usando la metáfora del tapiz, que la enfermedad nunca detiene su implacable proceso de destejer las «fibras» del apego que son tan vitales para nuestra identidad como madre, padre, hermano, hermana, esposo, esposa, hijo, hija y amigo.

DEMENCIAS QUE NO SON ALZHEIMER

La *demencia* es un término general que abarca una amplia gama de síntomas asociados con el deterioro cognitivo, incluso la pérdida de memoria, la incapacidad para completar tareas complejas, y los cambios en la personalidad, el estado de ánimo y el comportamiento. Hay muchos tipos de demencia. La enfermedad de Alzheimer, como los lectores ahora saben, es la más común de las demencias. Otros tipos de demencia incluyen los siguientes:

La demencia frontotemporal (DFT) es una expresión genérica para las condiciones que hacen que porciones de los lóbulos frontales y temporales del cerebro se contraigan y dejen de funcionar. DFT es el cuarto tipo más común de demencia y generalmente afecta a personas más jóvenes. DFT afecta a más hombres que mujeres, y las personas, por lo general, viven un promedio de 6 a 7 años después del diagnóstico. Puede ocurrir junto con otros tipos de demencia o enfermedades neurodegenerativas como la enfermedad de Parkinson y la enfermedad de Lou Gehrig. Debido a que los síntomas son similares a los de otras condiciones, la DFT es a veces mal diagnosticada como la enfermedad de Alzheimer, la enfermedad de Parkinson, maníaco depresión, trastorno obsesivo compulsivo o esquizofrenia. Los trastornos DFT más comunes afectan el comportamiento o el lenguaje.

La demencia con cuerpos de Lewy (DCL) es una expresión genérica para las formas de demencia que resultan de la presencia de cuerpos de Lewy en el cerebro. Los cuerpos de Lewy son depósitos anormales de proteínas. La DCL, por lo general, comienza después de los 50 años con una esperanza de vida después del diagnóstico de un promedio de cinco a ocho años, pero puede durar de 2 a 20 años, dependiendo de la etapa de la enfermedad en el momento del diagnóstico. Aunque DCL es la tercera demencia más común, a menudo no es reconocida y puede ser mal diagnosticada porque, dependiendo de cuándo aparecen los síntomas, puede parecerse a un trastorno psicótico como la esquizofrenia, la enfermedad de Alzheimer o la enfermedad de Parkinson. Para algunas personas, los primeros síntomas pueden ser alucinaciones, delirios paranoicos y trastornos del sueño. Los pacientes también experimentan altibajos impredecibles en atención, concentración, estado de alerta, desvelo y función cognitiva.

Otros inicialmente tienen dificultades con la función ejecutiva (planificación, resolución de problemas, multitarea y juicio) y problemas visuales espaciales que se asemejan a la enfermedad de Alzheimer. Otros síntomas comunes en la enfermedad de Alzheimer, tales como pérdida de memoria, dificultades de lenguaje, apatía y ansiedad a menudo se presentan, pero puede que no sea problemático hasta más tarde en la enfermedad, si es que sucede. Para otros todavía, la DCL comienza con síntomas como los de enfermedad de Parkinson, que afectan el movimiento y la función del cuerpo. Los síntomas cognitivos suelen aparecer más tarde.

La demencia mixta se refiere a padecer simultáneamente más de un tipo de demencia. Alrededor de la mitad de las personas con la enfermedad de Alzheimer tienen evidencia de otro tipo de demencia. Estudios recientes sugieren que la demencia mixta es más común de lo que se pensaba anteriormente.[7]

La demencia de la enfermedad de Parkinson (DEP) se presenta en el 50 al 80 por ciento de los que padecen la enfermedad de Parkinson. Al igual que con la demencia de cuerpos de Lewy, la DEP resulta de depósitos anormales de proteínas conocidas como cuerpos de Lewy. Los síntomas de la DEP pueden incluir irritabilidad y ansiedad, problemas de sueño, cambios en la concentración, juicio y memoria, así como depresión, delirios y alucinaciones visuales.

Las demencias reversibles muestran lo importante que es buscar una evaluación médica temprana cuando ocurren pérdidas de memoria u otros problemas cognitivos. Cuando es causada por una enfermedad o lesión, la demencia es irreversible. Algunos otros tipos de demencia, sin embargo, pueden ser tratados médicamente y revertidos. Según la Asociación de Alzheimer, una revisión de muchos estudios encontró que el 9 por ciento de las personas con síntomas similares a la demencia en realidad no tenían demencia, sino posibles condiciones reversibles. La causa más común de pérdida reversible de la memoria es la depresión. Otras causas de memoria posiblemente reversible y síntomas cognitivos incluyen drogas (medicamentos recetados o drogas ilícitas), alcohol, glándula tiroides hipo activa, hidrocefalia de presión normal, tumor cerebral y deficiencia de vitamina B12.

La demencia vascular es el segundo tipo más común de demencia, y representa hasta el 20 por ciento de los casos. Es consecuencia

---

7. Alzheimer's Association, «2016 Alzheimer's Disease Facts and Figures», http://www.alz.org/documents_custom/2016-facts-and-figures.pdf, p. 7.

de la reducción del flujo sanguíneo al cerebro, a menudo después de múltiples derrames cerebrales. La demencia vascular coexiste con otro tipo de demencia en aproximadamente el 50 por ciento de los casos (ver *Demencia mixta*). A diferencia de las demencias descritas anteriormente, que progresan lentamente durante un período de años, la demencia vascular tiene a menudo un inicio abrupto después de un derrame cerebral. Sin embargo, si una persona experimenta una serie de «mini derrames cerebrales» durante un período de meses a años, la demencia vascular puede progresar lentamente. Investigaciones recientes han revelado que la demencia vascular también puede resultar de la enfermedad de los vasos pequeños. La enfermedad de los vasos pequeños es la consecuencia de los daños sufridos por los pequeños vasos sanguíneos en el interior del cerebro debido a la hipertensión.

Las funciones cognitivas afectadas por la demencia vascular son similares a las afectadas por la EA pero dependen de la localización del derrame cerebral. Por ejemplo, si bien la pérdida de la memoria se observa en todos los casos de la EA, puede o no estar presente con la demencia vascular.

Apéndice C

Recursos recomendados

LOS 5 LENGUAJES DEL AMOR

Libros, libros electrónicos, audiolibros, DVDs y aplicaciones para el teléfono disponibles en inglés en www.5lovelanguages.com

Los 5 lenguajes del amor: El secreto del amor que perdura, Gary Chapman. Miami: Editorial Unilit, 2011.

Los cinco lenguajes del amor, edición para solteros, Gary D. Chapman. Miami: Editorial Unilit, 2013.

Perfil de los cinco lenguajes del amor: http://www.5lovelanguages.com/profile/ (solo en inglés).

ENFERMEDAD DE ALZHEIMER

Libros de referencia

Cuando el día tiene 36 horas, Nancy L. Mace y Peter V. Rabins. México, D.F.: Editorial Pax, cuarta edición corregida y aumentada, 2011.

Mayo Clinic Guide to Alzheimer's Disease: The Essential Resource for Treatment, Coping and Caregiving, Petersen, R., ed. Rochester, MN: Mayo Clinic Health Solutions, 2009.

The Alzheimer's Action Plan, P. Murali Doraiswamy, Lisa P. Gwyther y Tina Adler. Nueva York: St. Martin's Press, primera edición, abril, 2008.

Libros para cuidadores y personas con demencia

Living with Alzheimer's & Other Dementias: 101 Stories of Caregiving, Coping, and Compassion, Amy Newmark y Angela Timashenka Geiger. Cos Cob, CT: Chicken Soup for the Soul Publishing, Ltd., primera edición, 2014.

Coping with Behavior Change in Dementia: A Family Caregiver's Guide, Beth Spencer y Laurie White, primera edición, 3 abril 2015.

Creating Moments of Joy for the Person with Alzheimer's or Dementia: A Journal for Caregivers, Jolene Brackey. West Lafayette, IN: Purdue University Press, cuarta edición, 2007.

Healing Your Grieving Heart When Someone You Care About Has Alzheimer's: 100 Practical Ideas for Families, Friends, and Caregivers, Alan D. Wolfelt y Kirby J. Duvall. Ft. Collins, CO: Companion Press, 2014.

Living Your Best with Early-Stage Alzheimer's: An Essential Guide, Lisa Snyder. North Branch, MN: Sunrise River Press, 2010.

Practical Dementia Care, Peter V. Rabins, Constantine G. Lykestos y Cynthia D. Steele (editores). Oxford University Press, tercera edición, 29 abril 2016.

Thoughtful Dementia Care: Understanding the Dementia Experience, Jennifer Ghent-Fuller. Thoughtful Dementia Care, Inc., primera edición, 2012.

When Caring Takes Courage: A Compassionate, Interactive Guide for Alzheimer's and Dementia Caregivers, Mara Botonis. Outskirts Press, Inc., 2014.

Libros para niños

What's Happening to Grandpa? Maria Shriver. Little, Brown Books for Young Readers, 2004.

Always My Grandpa: A Story for Children about Alzheimer's Disease, Linda Scacco. Magination Press, 2005.

Wilfrid Gordon McDonald Partridge, Mem Fox. Kane/Miller Book Publishers, 1989.

Recursos del Instituto Nacional sobre el Envejecimiento

Entendiendo la enfermedad de Alzheimer: lo que usted necesita saber, versión electrónica, https://www.nia.nih.gov/espanol/publicaciones/entendiendo-enfermedad-alzheimer/cuales-son-sintomas-enfermedad-alzheimer.

Guía para quienes cuidan a personas con Alzheimer, https://www.nia.nih.gov/espanol/publicaciones/guia-quienes-cuidan-personas-alzheimer.

La mala memoria: reconozca cuándo debe pedir ayuda, https://www.nia.nih.gov/espanol/publicaciones/mala-memoria/.

Medicamentos para la enfermedad de Alzheimer, https://www.nia.nih.gov/espanol/publicaciones/medicamentos-enfermedad-alzheimer.

Alzheimer's Disease Fact Sheet (solo en inglés), https://www.nia.nih.gov/alzheimers/publication/alzheimers-disease-fact-sheet.

Alzheimer's Disease Genetics Fact Sheet (solo en inglés), https://www.nia.nih.gov/alzheimers/publication/alzheimers-disease-genetics-fact-sheet.

Legal and Financial Planning for People with Alzheimer's Disease Fact Sheet (solo en inglés), https://www.nia.nih.gov/alzheimers/publication/legal-and-financial-planning-people-alzheimers-disease.

Otros recursos y publicaciones disponibles en inglés en https://www.nia.nih.gov/alzheimers/publication.

Sitios en la Internet

Alzheimer's Association, sitio en español, http://www.alz.org/espanol/overview-espanol.asp.

Alzheimer's Disease Education and Referral Center (ADEAR, solo en inglés), https://www.nia.nih.gov/alzheimers/.

Alzheimer's Foundation of America (solo en inglés), http://www.alzfdn.org.

AARP Hogar y Familia, Prestación de cuidados, http://www.aarp.org/espanol/hogar-familia/prestar-cuidados/.

The Family Caregiver Alliance (en español), https://www.caregiver.org/spanish.

The Hartford Publications Home and Car Safety Guides (solo en inglés), https://www.thehartford.com/resources/mature-market-excellence/publications-on-aging.

Proveedores de atención al paciente con Alzheimer, https://medlineplus.gov/spanish/alzheimerscaregivers.html.

Pautas para iniciar visitas significativas y de calidad a personas con la enfermedad de Alzheimer o demencia (solo en inglés), http://www.wistatedocuments.org/cdm/ref/collection/p267601coll4/id/157.

Alzheimer's Association Recursos para latinos, http://www.alz.org/espanol/overview-espanol.asp.

Alzheimer's Disease International (solo en inglés), http://www.alz.co.uk/.

Videos, películas y documentales

Accepting the Challenge: Providing the Best Care for People with Dementia (solo en inglés, producido por Alzheimer's North Carolina, Inc.), http://www.healthpropress.com/product/accepting-the-challenge/.

Inside the Brain: Unraveling the Mystery of Alzheimer's Disease (solo en inglés), https://www.nia.nih.gov/alzheimers/alzheimers-disease-video.

About Dementia Videos (*Dementia 101, Teepa's GEMS, Brain Changes, Challenging Behaviors, Meaningful Activities, Music*). Teepa Snow—Positive Approach to Brain Change (solo en inglés), http://teepasnow.com/resources/teepa-tips-videos/.

The Forgetting—A Portrait of Alzheimer's (solo en inglés), http://www.pbs.org/theforgetting/watch/.

Alive Inside (Henry's Story), YouTube.com, con subtítulos en español.

The Alzheimer's Project, documental de HBO (solo en inglés), HBO.com/alzheimers/.

I'll Be Me (the Glen Campbell Sunset Tour), http://glencampbellmovie.com/.

Still Alice, trailer (solo en inglés), http://sonyclassics.com/stillalice/.

Boletines

Caregiver, boletín de Duke Alzheimer's Family Support Program, escrito por Lisa Gwyther y Bobbi Matchar (disponible en inglés), http://www.dukefamilysupport.org/

Perspectives, boletín trimestral para personas con demencia y sus cuidadores, escrito por Lisa Snyder, UCSD Shiley-Marcos Alzheimer's Disease Research Center (solo disponible en inglés), puede solicitarlo a: lsnyder@ucsd.edu

OTRAS DEMENCIAS

Demencia frontotemporal

Libros y folletos

What If It's Not Alzheimer's? A Caregiver's Guide to Dementia, Gary Radin y Lisa Radin. Prometheus Books, tercera edición, 2014.

Frontotemporal Disorders: Information for Patients, Families, and Caregivers, National Institute of Neurological Disorders and Stroke, Publication No. 14-6361. Puedes bajar el PDF en inglés o pedir un ejemplar impreso en https://www.nia.nih.gov/alzheimers/publication/frontotemporal-disorders/basics-frontotemporal-disorders.

Sitios en la Internet

The Association for Frontotemporal Degeneration (AFTD), http://www.theaftd.org/.

FTD Care Partnering, http://ftdsupport.com/.

UCSF Medical Center, http://memory.ucsf.edu/ftd/.

FTD página de recursos (solo en inglés), https://www.nia.nih.gov/alzheimers/publication/frontotemporal-disorders-resource-list.

Demencia de cuerpos de Lewy

Libros y folletos

A Caregiver's Guide to Lewy Body Dementia, Helen Buell Whitworth y James Whitworth. Demos Health, 2010.

Lewy Body Dementia: Information for Patients, Families, and Professionals, National Institute of Neurological Disorders and Stroke, Publication No. 15-7907. Puedes bajar el PDF o comprar un ejemplar impreso en https://www.nia.nih.gov/alzheimers/publication/lewy-body-dementia/introduction.

Lugares en la Internet y otros

Lewy Body Dementia Association, http://www.lewybodydementia.org/content/intro-to-lbd-spanish.

Página web de NINDS acerca de la demencia de cuerpos de Lewy (solo en inglés), http://www.ninds.nih.gov/disorders/dementiawithlewybodies/dementiawithlewybodies.htm.

Demencia con cuerpos de Lewy, página web de la Clínica Mayo, http://www.mayoclinic.org/es-es/diseases-conditions/lewy-body-dementia/home/ovc-20200344.

Lewy Body Digest (boletín, solo en inglés). Puedes suscribirte en https://www.lbda.org/content/sign-lewy-body-digest-0.

Información avalada por la Sociedad Española de Neurología (SEN) sobre la demencia de cuerpos de Lewy, https://www.hipocampo.org/demencia-cuerpos-lewy.asp.

Demencia vascular

National Stroke Association (solo en inglés), http://www.stroke.org/we-can-help/survivors/stroke-recovery/post-stroke-conditions/cognition/vascular-dementia.

National Institute of Neurological Disorders and Stroke (solo en inglés), http://www.ninds.nih.gov/disorders/multi_infarct_dementia/multi_infarct_dementia.htm.

Reconocimientos

No habíamos avanzado mucho en este proyecto cuando ya nos dimos cuenta de que, al igual que la asociación para cuidar de otros, escribir un libro es también una actividad de equipo. Muchos fueron los que nos animaron y nos ayudaron en el camino, y nos gustaría darles las gracias:

Por haber leído todo o parte del manuscrito, descubrir errores tipográficos, darnos a conocer sus ideas y ofrecer sugerencias que de verdad mejoraron nuestro trabajo:

Erin Washington
Chris Barr
Leah Shaw
Karolyn Chapman
Dwight Harris
Carrie Shaw
Chris Wynne
Samantha Rogers, PA-C

Por apoyarnos con entusiasmo mediante sus alentadoras notas personales, correos electrónicos, tarjetas, amabilidad y oraciones:

Eileen Hamilton
Sandra Swartz
Beth Lineberry
Beth Yancey
Dwight Harris
Janet Parrish
Sheri Bowman
Dee F. Johnson
Joan Long
Dr. Elizabeth A. May
Joe Lineberry
Jeannie Yarbrough
Debbie Gilreath
Denise Tate
Linda C. Hill
Anne Wagner
Bob Long
Don Bell
Cynthia Baldwin
Andrea Buczynski

Un agradecimiento especial a la doctora Christina Hugenschmidt y a la doctora en medicina Julie Williams, por compartir generosamente su experiencia profesional con nosotros. Gracias también a nuestras asistentes, Bethany Boggs, Charla Craver Posey y Mary Benfield.

Queremos expresar nuestra sincera gratitud a los doce cuidadores que nos dieron a conocer con sinceridad sus experiencias en entrevistas individuales o participaron en el grupo de enfoque. Para asegurar su privacidad, no usamos sus nombres reales, pero cada uno de ellos es personalmente conocido por nosotros y los tenemos en nuestra máxima estima. Sus historias personales nos ayudaron mucho a echar una mirada en detalle a la relación del cuidador del enfermo y el paciente con demencia, y la experiencia de asociación para cuidar. Colectivamente, estas historias constituyen un cuerpo único de investigación cualitativa que hemos tratado de representar fielmente en este libro.